啄 木 鸟
生活与法律指引

人身损害赔偿 101 问

辛 艳 编著

华中科技大学出版社
http://www.hustp.com
中国·武汉

图书在版编目(CIP)数据

人身损害赔偿101问 / 辛艳编著. —— 武汉：华中科技大学出版社，2021.10
(啄木鸟生活与法律指引书系)
ISBN 978-7-5680-7599-2

Ⅰ.①人… Ⅱ.①辛… Ⅲ.①人身权–侵权行为–赔偿–中国–问题解答 Ⅳ.①D923.15

中国版本图书馆CIP数据核字(2021)第206503号

人身损害赔偿101问 Renshen Sunhai Peichang 101 Wen	辛艳 编著

策划编辑：	郭善珊
责任编辑：	张　丛
封面设计：	张　靖
责任校对：	阮　敏
责任监印：	朱　玢
出版发行：	华中科技大学出版社(中国·武汉)　电话：(027)81321913 武汉市东湖新技术开发区华工科技园　邮编：430223
录　排：	高　翔
印　刷：	武汉旭辉印务有限公司
开　本：	880mm×1230mm　1/32
印　张：	5.75
字　数：	149千字
版　次：	2021年10月第1版第1次印刷
定　价：	39.00元

本书若有印装质量问题，请向出版社营销中心调换
全国免费服务热线：400-6679-118，竭诚为您服务
版权所有　侵权必究

前　言

人身权是每个人最重要的权利之一，包括健康权、生命权等，这些权利都应受到法律保护。侵犯人身权利是对他人身体造成伤害的一种侵权行为，被侵权人应当及时用法律手段维护自己的合法权益。但在实践中，鉴于相关法律知识具有一定的专业性，很多受害人对于如何维护自身合法权益感到困惑。因此，普及相关人身损害赔偿的法律知识、增强公民依法维权的意识，编撰一本人身损害赔偿方面的普法读物显得尤为必要。

我国自《民法通则》正式确定人身损害赔偿制度之后，陆续颁布的《产品质量法》《道路交通安全法》《消费者权益保护法》《侵权责任法》《旅游法》，以及最高院发布一系列涉及人身损害的司法解释，都明确了侵犯他人人身权利的责任承担方式、相关侵权后果。至2021年1月1日，《民法典》正式颁布实施，几十年的立法与司法历程标志着我国对承担保护自然人合法权益、化解社会矛盾功能的人身损害赔偿制度的立法技术日臻成熟与完善。

本书在体例上坚持问题导向，以设问方式提出问题，将上述有关人身损害，包括精神损害的法律、法规、司法解释等的相关规定融合到问答与案例中，对人身损害的常见问题予以梳理，甄选全国法院相关有代表性的生效判决，进一步分析法律或诉讼关键点。书中所列案例优先选取《人民法院公报》与《人民法院报》等所刊登的具有指导意义的典型案例,以简洁质朴的语言阐明要点,深入浅出,通俗易懂,力争使读者能够掌握相关法律要点。

本书在编写过程中,参考了已有资料与研究成果。由于时间仓促,编者水平有限,书中疏漏之处在所难免,望广大读者批评指正。

目 录

第一章 人身损害赔偿／1

第一节 人身损害赔偿费用与范围／1

1. 人身损害赔偿的范围包括哪些？／1
2. 人身损害赔偿义务人应承担的医疗费用如何确定？／2

    【案例 1-1】：人身损害侵权责任人应当在哪些范围内予以赔偿？／3

3. 人身损害赔偿义务人应承担的误工费如何确定？／4

    【案例 1-2】退休人员需要支付误工费吗？／5

4. 人身损害赔偿义务人应承担的护理费如何确定？／6
5. 人身损害赔偿义务人应承担的交通费如何确定？／8
6. 人身损害赔偿义务人应承担的住院伙食补助费、营养费如何确定？／8
7. 人身损害赔偿义务人应承担的残疾赔偿金、残疾辅助器具费如何计算？／9
8. 人身损害赔偿义务人应承担的残疾辅助器具费如何计算？／11

    【案例 1-3】超出法定期限的人身损害赔偿如何确定？／12

9. 人身损害赔偿义务人应承担的丧葬费和死亡赔偿金如何计算？／13
10. 超过确定的护理期限、辅助器具费给付年限或者残疾赔偿金给付年限，赔偿权利人能否要求赔偿义务人继续支付相关费用？／14

    【案例 1-4】超出法定年限的赔付条件是什么？／15

11. 因侵权致人精神损害，但未造成严重后果的，被侵权人能否要求精神损害赔偿？／16
12. 自然人因人格权利遭受非法侵害的，能否要求精神损害赔偿？／18

【案例1-5】：自然人因人格权利遭受非法侵害的，能否要求精神损害赔偿 / 18

13. 自然人死亡后其人格权遭受侵害的，其近亲属能否要求精神损害赔偿？ / 19
14. 顾客的结婚照片在冲洗时被丢失，顾客能否要求精神损害赔偿？ / 20
15. 赔偿义务人所承担的精神损害赔偿数额根据哪些因素确定？ / 20

第二节 侵权责任与承担 / 21

16. 人身损害赔偿案件中的归责原则是怎样的？ / 21
17. 二人以上共同实施侵权行为，造成他人人身损害的，如何承担侵权责任？ / 22

    【案例1-6】二人以上共同实施侵权行为，造成他人人身损害的，如何承担侵权责任？ / 23

18. 二人以上实施有危害他人的危险行为，其中一人或者数人的行为造成他人损害的，如何承担侵权责任？ / 23

    【案例1-7】二人以上实施有危害他人的危险行为，其中一人或者数人的行为造成他人损害的，如何承担侵权责任？ / 24

19. 因见义勇为救助他人而使自己受伤的，能否要求受益人补偿？ / 25
20. 被侵权人对于自身人身损害的发生也有过错，侵权人如何承担赔偿责任？ / 26
21. 人身损害是因受害人故意造成的，实际加害人是否承担责任？ / 26

    【案例1-8】人身损害是因受害人故意造成的，实际加害人是否承担责任？ / 27

22. 人身损害是因第三人造成的，应当由谁承担侵权责任？ / 28

    【案例1-9】人身损害是因第三人造成的，应当由谁承担侵权责任？ / 28

23. 因不可抗力造成他人人身损害的，是否承担责任？ / 29
24. 受害人因进行防卫对侵害人造成损害的，是否承担民事责任？ / 30
25. 因紧急避险造成他人损害的，紧急避险人是否承担民事责任？ / 31

目录

第二章 特殊侵权责任 / 34

第一节 产品责任 / 34

26. 什么是产品责任？/ 34
   【案例 2-1】产品责任的赔偿范围是怎么样的？/ 35
27. 因产品缺陷受害的受害者的救济途径有哪些？/ 36
   【案例 2-2】因产品缺陷而受害的受害者的救济途径有哪些？/ 36
28. 在哪些情形下，因产品缺陷造成人身损害的受害人无权要求赔偿？/ 37
   【案例 2-3】产品缺陷造成人身损害的，受害人无权要求赔偿的情形。/ 38
29. 对因产品缺陷造成的损害，被侵权人可以直接要求销售者承担侵权责任吗？/ 39
   【案例 2-4】产品责任中销售者与生产者责任分担的问题。/ 39
30. 生产者、销售者能否因第三人的过错使产品存在缺陷而免于承担侵权责任？/ 41
   【案例 2-5】第三人过错的责任承担问题。/ 41
31. 产品投入流通后发现存在缺陷的，生产者、销售者应当及时采取哪些补救措施？/ 42
32. 在什么情况下，被侵权人可以要求生产者、销售者承担惩罚性赔偿责任？/ 43

第二节 饲养动物损害责任 / 45

33. 动物饲养人或管理人对其饲养的动物造成的他人损害，应当怎样承担责任？/ 45
   【案例 2-6】动物饲养人或管理人对其饲养的动物造成他人损害的责任承担（一）。/ 46
   【案例 2-7】动物饲养人或管理人对其饲养的动物造成他人损害时的责任承担（二）。/ 47
34. 因第三人的过错致使动物造成被侵权人损害的，被侵权人可以向谁要求赔偿？/ 48

3

【案例2-8】因第三人的过错致使动物造成被侵权人损害的责任承担。/49
35. 动物饲养人或管理人违反规定所饲养的动物造成他人损害的，是否承担侵权责任？/49
　　【案例2-9】动物饲养人或管理人违反规定所饲养的动物造成他人损害的责任承担（三）。/50
36. 动物园的动物造成他人损害的，什么情况下动物园不承担责任？/50
　　【案例2-10】动物园的动物造成他人损害的责任承担。/51
37. 遗弃逃逸的动物在遗弃逃逸期间造成他人损害的，被侵权人应要求何人承担侵权责任？/52
　　【案例2-11】遗弃逃逸的动物在遗弃逃逸期间造成他人损害的责任承担。/53

第三节　环境污染责任 / 54

38. 因污染环境发生纠纷，污染者应当承担哪些举证责任？/54
　　【案例2-12】环境污染侵权的举证责任（一）/54
　　【案例2-13】环境污染侵权的举证责任（二）/55
39. 因第三人的过错污染环境造成损害的，被侵权人能否向污染者请求赔偿？/56

第四节　机动车交通事故责任 / 57

40. 医疗机构对交通事故中的受伤人员的抢救费用，应当如何支付？/57
　　【案例2-14】交通事故受伤人员的抢救费用应由谁支付？/58
41. 机动车之间发生交通事故的，交通事故责任如何承担？/59
42. 机动车与非机动车驾驶人行人之间发生交通事故的，交通事故责任如何承担？/60
　　【案例2-15】机动车与非机动车驾驶人、行人之间发生交通事故的责任承担。/61
43. 机动车租赁人或借用人发生交通事故的，机动车所有人承担事故责任吗？/62

目录

　　【案例 2-16】借用车辆发生事故的责任承担。/63
44. 已出售但未办理所有权转移登记的机动车,发生交通事故的,出售人承担责任吗? /64
　　【案例 2-17】:出卖未办理登记车辆事故的责任承担。/64
45. 多次转让机动车,未办理过户的,事故赔偿责任由谁承担? /65
　　【案例 2-18】多次转让但未办理过户的机动车事故赔偿责任由谁承担? /65
46. 已转让的拼装或应报废的机动车,发生交通事故的,受害人可要求谁赔偿? /66
　　【案例 2-19】已转让的拼装或应报废的机动车,发生事故,责任的承担问题。/66
47. 盗窃、抢劫或者抢夺的机动车发生交通事故应如何承担赔偿责任? /68
　　【案例 2-20】盗窃机动车发生交通事故的责任承担问题。/68
48. 机动车驾驶人发生交通事故后逃逸,赔偿主体如何确定? /69
　　【案例 2-21】机动车驾驶人发生交通事故后逃逸的责任承担问题。/70
49. 交通事故造成人身伤亡后逃逸的,驾驶人会受到什么惩罚? /71
50. 被保险机动车发生道路交通事故时,保险公司在什么范围内予以赔偿? /73
51. 在哪些情形下,保险公司垫付的抢救费用和受害人所受的财产损失由致害人承担? /74
　　【案例 2-22】在哪些情形下,保险公司垫付的抢救费用和受害人所受的财产损失由致害人承担? /74
52. 机动车交通事故责任强制保险的责任限额为多少? /75
53. 被保险机动车发生道路交通事故,被保险人申请赔偿保险金的程序? /76
54. 乘客下车开车门未尽到安全注意义务致人受伤,是否应当承担赔偿责任? /77
　　【案例 2-23】乘客也有过失的损害赔偿责任承担的情形。/77
55. 车辆投保人在什么情况下可以获得本车交强险赔偿? /78
　　【案例 2-24】车辆投保人在什么情况下可以获得本车交强险赔偿? /78

5

第三章　旅行篇 / 79

56. 旅行者在旅行途中遭遇人身损害，何种情况下，旅行社需要承担赔偿责任？ / 79

    【案例 3-1】旅行者在旅行途中遭遇人身损害，何种情况下，旅行社需要承担赔偿责任？ / 80

57. 旅游者在自行安排活动期间遭遇人身损害，何种情况下，旅行社需要承担赔偿责任？ / 81

    【案例 3-2】旅游者在自行安排活动期间遭遇人身损害，何种情况下，旅行社需要承担赔偿责任？ / 81

58. 何种情况下，旅游者发生人身损害，旅行社可以不承担赔偿责任？ / 82

    【案例 3-3】何种情况下，旅游者发生人身损害，旅行社可以不承担赔偿责任？ / 83

59. 旅行者因地接、旅游辅助服务人员的原因导致人身损害的，旅行社是否承担责任？ / 84

    【案例 3-4】旅行者因地接、旅游辅助服务人员的原因导致人身损害的，旅行社是否承担责任？ / 84

60. 景区、住宿经营者将其经营项目或场地交由他人经营，对旅游者造成的损害，景区、住宿经营者是否承担连带责任？ / 85

    【案例 3-5】景区、住宿经营者将其经营项目或场地交由他人经营，他人经营行为对旅游者造成损害，景区、住宿经营者是否承担责任？ / 86

61. 旅游者因人身安全遇有危险而接受相关组织或者机构的救助后，是否承担有关费用？ / 87

    【案例 3-6】旅游者因人身安全遇有危险而接受相关组织或者机构的救助后，是否承担有关费用的问题。/ 88

第四章　特殊主体侵权责任 / 89

62. 用人单位的工作人员在执行职务中致其他人损害的，用人单位是否承担赔偿责任？ / 89

目录

【案例 4-1】用人单位的工作人员在执行职务中致其他人损害的，用人单位承担赔偿责任的问题。/90

63. 同一用人单位，一工作人员因执行职务行为造成另一工作人员人身损害的，责任如何承担？/91

64. 被派遣的劳动者因执行工作任务造成他人损害的，劳务派遣单位是否承担侵权责任？/91

【案例 4-2】被派遣的劳动者因执行工作任务造成他人损害的，劳务派遣单位是否承担侵权责任？/92

65. 如果被派遣人员在派遣工作期间，因执行被派遣公司的任务导致自己受到损害的，相关责任应当由谁承担？/93

【案例 4-3】如果被派遣人员在派遣工作期间，因执行被派遣公司的任务导致自己受到损害的，相关责任应当由谁承担？/93

66. 个人劳务提供者造成他人损害的，接受劳务一方是否承担责任？/94

67. 个人劳务提供者因劳务导致自身损害的，接受劳务一方是否承担责任？/95

【案例 4-4】个人劳务提供者因劳务导致自身损害的，接受劳务一方是否承担责任？/96

68. 帮工人在从事帮工活动中致人损害的，被帮工人是否承担赔偿责任？/96

【案例 4-5】帮工人在从事帮工活动中致人损害的，被帮工人是否承担赔偿责任？/97

69. 帮工人因帮工活动遭受人身损害的，能否要求被帮工人承担赔偿责任？/98

【案例 4-6】帮工人因帮工活动遭受人身损害的，能否要求被帮工人承担赔偿责任？/98

70. 公共场所管理人或者群众性活动组织者应尽哪些安全保障义务？/99

【案例 4-7】公共场所管理人或者群众性活动组织者应尽哪些安全保障义务？/100

71. 因第三人的行为造成他人损害的，公共场所的管理人或者群众性活动的组织者是否承担侵权责任？/101

【案例4-8】因第三人的行为造成他人损害的，公共场所的管理人或者群众性活动的组织者是否承担侵权责任？/102

第五章 危险责任篇 / 103

72. 什么是高度危险责任？/103
73. 民用核设施发生核事故造成他人损害，民用核设施的经营者在什么情况下不承担责任？/104
74. 民用航空器造成他人人身损害的，民用航空器的经营者在什么情况下不承担责任？/105
75. 民用航空器对地面第三人损害的赔偿责任，应当如何认定责任承担？/106
76. 高度危险物造成他人损害的，其占有者或使用人在什么情况下免除或者减轻责任？/108
77. 从事高空、高压、地下挖掘活动或者使用高速轨道运输工具造成他人损害的，经营者在什么情况下免除或者减轻责任？/109
78. 遗失、抛弃高度危险物造成他人损害的，由谁承担侵权责任？/111
79. 非法占有高度危险物造成他人损害的，应当由谁承担侵权责任？/112
80. 未经许可进入高度危险活动区域或者高度危险物存放区域受到损害的，管理人是否承担责任？/113

第六章 物件损害责任 / 115

81. 建筑物上的搁置物、悬挂物发生坠落造成他人损害的，由谁承担侵权责任？/115
82. 建筑物、构筑物或者其他设施倒塌致人损害的，由谁承担责任？/116
83. 行人不知被何人从建筑物中抛掷的物品砸伤的，应找谁负责？/117
   【案例6-1】行人不知被何人从建筑物中抛掷的物品砸伤，应找谁负责？/118
84. 堆放物倒塌造成他人损害，什么情况下堆放人不承担责任？/119
   【案例6-2】堆放物倒塌造成他人人身损害，什么情况下堆放人

不承担责任？/ 120
85. 行人被折断的林木砸伤，应当由谁负责？/ 120
【案例 6-3】行人被折断的林木砸伤，应当由谁负责？/ 121
86. 在公共场所或者道路上挖坑、修缮安装地下设施，没有采取安全措施致使行人受伤的，应由谁负责？/ 122
【案例 6-4】在公共场所或者道路上挖坑、修缮安装地下设施，没有采取安全措施致使行人受伤的，应由谁负责？/ 122

第七章 消费者篇 / 124

87. 消费者因商品缺陷造成人身损害的，应当向谁索赔？/ 124
88. 因商品质量导致消费者伤亡的，如果消费者本身亦有过失，责任如何分配？/ 125
【案例 7-1】因商品质量导致消费者伤亡的，如果消费者本身亦有过失，责任如何分配？/ 125
89. 使用他人营业执照的违法经营者造成消费者损害的，消费者应向谁要求赔偿？/ 127
【案例 7-2】使用他人营业执照的违法经营者造成消费者损害的，消费者应向谁要求赔偿？/ 127
90. 消费者在展销会、租赁柜台购买商品或接受服务受到人身损害的，展销会结束或者柜台租赁期满后可以要求谁赔偿？/ 128
91. 产品经营者对产品进行虚假宣传，是否应当对消费者的人身损害承担责任？/ 130
【案例 7-3】产品经营者对产品进行虚假宣传，是否应当对消费者的人身损害承担责任？/ 130
92. 消费者通过网络交易平台购买商品或者接受服务受到损害的，能否要求网络交易平台提供者赔偿或要求其与经营者或服务者承担连带责任？/ 131
93. 经营者提供商品或者服务，造成消费者或者其他受害人人身伤害的，应当赔偿的范围包括哪些？/ 132
94. 食品致人身伤害，受害人可以要求精神损害赔偿吗？/ 133

【案例 7-4】食品致人身伤害，受害人是否可以要求精神损害赔偿吗？/ 134

95. 消费者在经营场所因第三人原因遭受的人身伤害，是否能要求经营者赔偿？/ 135

【案例 7-5】消费者在经营场所因第三人原因遭受的人身伤害，是否能要求经营者赔偿？/ 135

96. 餐厅提供的儿童餐椅有质量问题导致消费者人身伤害的，赔偿责任应如何承担？/ 136

【案例 7-6】餐厅提供的儿童餐椅有质量问题导致消费者人身伤害的，赔偿责任应如何承担？/ 136

97. 因销售者的赠品质量问题导致人身损害，销售者是否承担赔偿责任？/ 137

98. 销售者员工在工作过程中，因所销售产品质量问题受伤，人身损害赔偿责任应当由哪一方承担？/ 138

【案例 7-7】销售者员工在工作过程中，因所销售产品质量问题受伤，人身损害赔偿责任应当由哪一方承担？/ 138

99. 消费者到游乐场所游玩受伤的，游乐场经营未尽到注意义务，应承担什么责任？/ 139

【案例 7-8】消费者到游乐场所游玩受伤的，游乐场经营未尽到注意义务，应承担什么责任？/ 140

100. 在自助银行内发生人身损害，责任如何承担？/ 141

【案例 7-9】小孩在自助银行内摔倒，责任如何承担？/ 141

101. 免费送货属于买卖合同的从给付义务，发生交通事故，客户需要支付送货人员的人身损害赔偿吗？/ 142

【案例 7-10】免费送货属于买卖合同的从给付义务，发生交通事故，客户需要支付送货人员的人身损害赔偿吗？/ 142

附录：相关法律法规 / 144

附录A：中华人民共和国民法典（选录 侵权责任部分）/ 144

附录B：最高人民法院关于审理人身损害赔偿案件适用法律若干问题的解释 / 163

第一章 人身损害赔偿

第一节 人身损害赔偿费用与范围

1 人身损害赔偿的范围包括哪些？

根据《中华人民共和国民法典》(以下简称《民法典》)第一千一百七十九条、一千一百八十条规定，侵害他人造成人身损害的，应当赔偿医疗费、护理费、交通费、营养费、住院伙食补助费等为治疗和康复支出的合理费用，以及因误工减少的收入。造成残疾的，还应当赔偿辅助器具费和残疾赔偿金；造成死亡的，还应当赔偿丧葬费和死亡赔偿金。因同一侵权行为造成多人死亡的，可以以相同数额确定死亡赔偿金。

根据《最高人民法院关于审理人身损害赔偿案件适用法律若干问题的解释》(以下简称《人身损害赔偿司法解释》)第一条、第二十三条的相关规定因生命、身体、健康遭受侵害，赔偿权利人起诉请求赔偿义务人赔偿物质损害和精神损害的，人民法院应予受理。在人身损害赔偿中,精神损害抚慰金适用《最高人民法院关于确定民事侵权精神损害赔偿责任若干问题的解释》予以确定。

可以理解为,人身损害赔偿权利人根据《民法典》的规定可以看出,《民法典》用了"等"字表述,那么为治疗支出的住宿费、住院伙食补助费、营养费、后续治疗费这四项就是为治疗和康复支出的合理费用,亦应当列入人身损害赔偿案件的赔偿范围。

② 人身损害赔偿义务人应承担的医疗费用如何确定?

根据《人身损害赔偿司法解释》第六条规定,医疗费根据医疗机构出具的医药费、住院费等收款凭证,结合病历和诊断证明等相关证据确定。赔偿义务人对治疗的必要性和合理性有异议的,应当承担相应的举证责任。医疗费的赔偿数额,按照一审法庭辩论终结前实际发生的数额确定。器官功能恢复训练所必要的康复费、适当的整容费以及其他后续治疗费,赔偿权利人可以待实际发生后另行起诉。但根据医疗证明或者鉴定结论确定必然发生的费用,可以与已经发生的医疗费一并予以赔偿。

可以看出,赔偿权利人应当对损害基本事实承担举证责任,此为"谁主张,谁举证"规则;赔偿义务人如果对"治疗的必要性和合理性有异议",赔偿义务人应当承担侵害外力与损害结果之间不存在因果关系的举证责任,如果举证不能,赔偿义务人需要承担败诉风险。

此外,医疗费的项目大致包括以下几种:(1)挂号费,包括医院门诊挂号费、专家门诊挂号费等;(2)医药费,即购买药品所支出的费用;(3)检查费,包括为治疗所需的各种医疗检查费用,如血液检查费用、透视费、彩超费等;(4)治疗费,即受害人接受治疗所需的各种费用,如换药、注射、理疗、手术、整容等费用;(5)住院费,即受害人住院治疗所需支出的费用;(6)其他所必需的医疗费用,如聘请专家会诊的费用、器官移植所需的费用等。

在人身损害赔偿案件中,有些侵权行为会诱发赔偿权利人原有的一些疾病。对于侵权行为所诱发的疾病的治疗,赔偿义务人应当予以适当赔偿。具体的确定标准,应当按照因果关系中的实际情况确定,即按照原因力的大小确定。侵权行为所诱发的疾病,一般应当按照相当因果关系确定责任的有无。在确定了有相当因果关系以后,判断侵权行为对诱发疾病发生的原因力。

【案例1-1】:人身损害侵权责任人应当在哪些范围内予以赔偿?

▶ **案情介绍** 原告沈某诉称,被告赵某驾驶的机动车与原告驾驶的电动自行车左侧发生碰撞,致原告倒地受伤。经鉴定,原告因交通事故受伤,构成十级伤残。现原告要求被告赔偿医疗费人民币35,434.76元,以及营养费、护理费、残疾赔偿金、交通费、鉴定费等其他费用。

法院经审理认为,赵某与原告之间发生的交通事故系机动车与非机动车之间的事故,赵某负事故全部责任,原告无责任,被告应对原告造成的损害后果承担赔偿责任。至于原告提出赔偿的范围和总的数额,应根据现有的法律、法规及事实证据作为赔偿依据。其中原告所主张的医疗费分析如下。原告因本起交通事故受伤住院44天,出院诊断:(1)骨盆骨折;(2)骶骨骨折;(3)颅脑损伤,左额部头皮血肿;(4)右肩软组织损伤;(5)高血压病、糖尿病、糖尿病性肾病。高血压病、糖尿病、糖尿病性肾病等疾病虽系原告自身伴随性疾病,与本起交通事故不具有关联性，但就为控制病情的变化及治疗的整体性、必要性而言，对上述病症的治疗系合理诊疗，故在此次住院治疗期间，有关上述病症的治疗费用系合理损失，法院予以支持。

③ 人身损害赔偿义务人应承担的误工费如何确定？

根据《人身损害赔偿司法解释》第七条规定，误工费根据受害人的误工时间和收入状况确定。误工时间根据受害人接受治疗的医疗机构出具的证明确定。受害人因伤致残持续误工的，误工时间可以计算至定残日前天。受害人有固定收入的，误工费按照实际减少的收入计算。受害人无固定收入的，按照其最近三年的平均收入计算；受害人不能举证证明其最近三年的平均收入状况的，可以参照受诉法院所在地相同或者相近行业上一年度职工的平均工资计算。

在人身损害赔偿案件中，误工费往往成为当事人争议的焦点。这既有法律规定不明确的原因，又有误工费本身的特征和性质的原因。由于个人的能力、环境、职业以及所处地区的不同，受害人的收入能力和水平相差悬殊。这一差异性决定了不同的受害人在遭受损害后，其损失的误工收入的计算基数是不同的。此外，受害人在受到损害前，有人有固定收入，有人没有固定收入，因而应当分为两个标准。（1）对有固定收入的，受害人受到损害后，应当按照其实际减少的损失计算误工费损失赔偿。因为误工损失就是实际损失，实际造成了多大的损失就是多大的损失，赔偿就应当按照这样的范围确定。至于受害人是否能够负担得起，则是执行的问题。（2）对受害人无固定收入的，按照其最近三年的平均收入计算；受害人不能举证证明其最近三年的平均收入状况的，可以参照受诉法院所在地相同或者相近行业上

第一章 人身损害赔偿

一年度职工的平均工资计算。

误工时间可分为两种,一种为非持续性的误工,这种误工的时间根据受害人接受治疗的医疗机构出具的证明确定,必须是受害人接受治疗的医疗机构出具的证明,不能是其他医疗机构出具的;另一种为受害人因伤致残持续误工,这种误工的时间可以计算至定残日前一天,即从受到伤害耽搁工作之日起计算至定残之日的前一天,定残之后赔偿残疾赔偿金,不再赔偿误工费。

【案例1-2】:退休人员需要支付误工费吗?

▶ **案情介绍** 张某驾驶小型汽车由北向东行驶,行至某小区门口时,车辆前部与骑电动自行车由南向北行驶的李某发生接触,造成李某严重受伤。交通部门认定,张某和李某承担事故的同等责任。后李某诉至法院,请求判令张某赔偿其医疗费52396.11元、误工费21600元及住院伙食补助费、残疾赔偿金、被扶养人生活费、护理费等费用。由保险公司首先在机动车第三者责任强制保险(下称交强险)限额内赔偿,超出交强险限额的由张某和保险公司承担60%的责任;并要求由张某与保险公司承担案件受理费。

其中,两被告针对原告提出的误工费诉求抗辩称,李某发生事故时超过55周岁,已达退休年龄,故不同意给付误工费。

法院经审理认为,《民法典》《人身损害赔偿司法解释》等法律法规均未对受害者获得误工费赔偿的年龄作出限制性规定,也未排除已超过退休年龄的公民主张误工费的权利。也就是说,只要受害人受害前有劳动能力并从事有偿劳动,其因遭受损害而误工并减少了收入,就有权要求致害人赔偿误工费,而不论受害人是否超过退休年龄。法定退休年龄不能作为劳动能力丧失的依据。误工费在计算上是从受害人实际遭受误工并由此造成收入损失的角度进行设计的，与年龄并无直接关联。误工费的计算和赔偿应以受害人受害前是否从事有偿劳动、是否实际误工和是否造成损失为依据，而非以其年龄来判定。所以原告退休后按月领取退休金并不影响误工费的存在，因而对其因交通事故受伤而产生的误工费损失应当予以支持。

4 人身损害赔偿义务人应承担的护理费如何确定？

根据《人身损害赔偿司法解释》第八条规定，护理费根据护理人员的收入状况和护理人数、护理期限确定。护理人员有收入的，参照误工费的规定计算；护理人员没有收入或者雇佣护工的，参照当地护工从事同等级别护理的劳务报酬标准计算。护理人员原则上为一人，但医疗机构或者鉴定机构有明确意见的，可以参照确定护理人员人数。护理期限应计算至受害人恢复生活自理能力时止。受害人因残疾不能恢复生活自理能力的，可以根据其年龄、健康状况等因素确定合理的护理期限，但最长不超过二十年。受害人定残后的护理，应当根据其护理依赖程度并结合配制残疾辅助器具的情况确定护理级别。

根据上述规定，护理费可以分为三类：（1）受害人在治疗期间，需要他人帮助而付出的护理费；（2）受害人在伤情治愈后的康复期间，需要他人帮助而付出的护理费；（3）受害人因残疾而永久性丧失生活自理能力，需要他人的长期持续帮助而支出的护理费。对于这三类护理费用，赔偿义务人都应当承担赔偿责任。

赔偿义务人支付护理费的前提，是赔偿权利人受到损害，生活不能自理或者不能完全自理，需要有人进行护理。这样的证明，应当有医疗单位或鉴定机构的明确意见。如果赔偿权利人能够充分举证证明需要陪护的，法院应当裁决赔偿义务人予以赔偿，没有必要的，则不予赔偿。

护理费的数额，应当根据护理人员的收入状况、护理人数、护理期限综合考量确定。

（1）护理人员的收入状况。根据人身损害赔偿司法解释的规定，应区别情形考虑。第一，护理人员有收入的，按照误工费的规定计算。这里所指的护理人员，主要是指配偶和亲友。由这些人员进行护理的，如果护理人员有收入的，护理费按照误工费的规定计算。第二，护理人员没有收入的，参照当地护工从事同等级别护理的劳务报酬标准计算。对于此种情形，无论受害人是否实际支付给护理人员以报酬，也不管其支付多少，均统一参照当地护工从事同等级别护理的劳务报酬标准计算。第三，受害人雇佣护工的，其计算方法与第二种情形相同。

（2）护理人数。护理人数的多少，既关系到对受害人能否适当的照顾，又关系到赔偿义务人赔偿护理费的数额。根据《人身损害赔偿司法解释》第八条，护理人员原则上为1人；在特定情形下可以多于1人，具体应当参照医疗机构或者鉴定机构的明确意见，确定护理人员人数。

（3）护理期限。护理期限是指对受害人进行护理的时间长度。根据受害人受害程度的不同，一般计算到受害人恢复生活自理能力时为止；如果受害人因残疾不能恢复生活自理能力的，根据其年龄、健康状况等因素确定合理的护理期限，但是最长不超过20年。

5 人身损害赔偿义务人应承担的交通费如何确定?

根据《人身损害赔偿司法解释》第九条规定,交通费根据受害人及其必要的陪护人员因就医或者转院治疗实际发生的费用计算。交通费应当以正式票据为凭;有关凭据应当与就医地点、时间、人数、次数相符合。

根据上述规定,交通费应当以正式的交通费的票证收据为准,正式票据是指国家承认的能够作为报销凭证的税务发票和收费收据,包括正式发票、汽车票、火车票、轮船票、飞机票、出租车发票以及过路费收据等。票证收据记载的时间、地点、人数要与实际救治的时间、地点、人数相一致。对于不合理的支出,不应当予以赔偿。

关于交通费的计算标准。通常情况下,交通费应当参照侵权行为地的国家机关一般工作人员出差的车旅费标准支付。但是,也要根据受害人的实际情况和救治的实际需要,灵活予以掌握。乘坐的交通工具以普通公共汽车为主,在特殊情况下,可以乘坐救护车、出租车等,但应当由赔偿权利人举证说明使用的合理性。

6 人身损害赔偿义务人应承担的住院伙食补助费、营养费如何确定?

根据《人身损害赔偿司法解释》第十条和第十一条规定,住院伙食补助费可以参照当地国家机关一般工作人员的出差伙食补助标准予以确定。受害人确有必要到外地治疗,因客观原因不能住院,受害人本人及其陪护人员实际发生的住宿费和伙食费,其合理部分应予赔偿。营养费根据受害人伤残情况参照医疗机构的意见确定。

第一章　人身损害赔偿

住院伙食补助费是指受害人遭受人身损害后，因其在医院治疗期间支出的伙食费用，这在性质上也是一种受害人的财产损失，而且此损失也与加害行为具有相当因果关系，应当进行赔偿。原则上伙食补助费的赔偿期间是住院期间，即根据受害人住院这段时间计算伙食补助费，总天数乘当地国家机关一般工作人员每天的标准，就可以得出具体的伙食补助费。

营养费是指受害人在遭受损害后，为辅助治疗或使身体尽快康复而购买日常饮食以外的营养品所支出的费用。对需要营养的受害人实施营养治疗，给予适当的营养支持，能显著地改善受害人的营养状况，有效地配合临床，提高手术的成功率和治愈率，减少死亡率，缩短住院时间，促进尽快康复。因此，在医学上来说，营养费的支出，根据受害人的受伤害程度，有着不同程度的需要，是治疗过程中一项必要的支出。而这一项支出，实际上对于受害人而言，也是一种因为侵权人的侵权行为所造成的财产损失，对此应予以赔偿。

通常情况下，对营养费的确定，根据受害人的伤残情况，以及参考医疗机构的意见共同确定。关于营养费的具体给付标准，司法解释并没有明确规定。在审判实践中，可以参照受害人实际需要补充营养的情况酌定。但要审查补充营养是否与加害人的加害行为有因果关系。

7 人身损害赔偿义务人应承担的残疾赔偿金、残疾辅助器具费如何计算？

根据《人身损害赔偿司法解释》第十二条规定，残疾赔偿金根据受害人丧失劳动能力程度或者伤残等级，按照受诉法院所在地上一年度城镇居民人均可支配收入或者农村居民人均纯收入标准，自定残之日起按二十年计算。但六十周岁以上的，年龄每增加一岁减少一年；七十五周岁以上的，按五年计算。受害人因伤致残但实际收入没有减少，或者伤残等级较轻但造成职业妨害严重影响其劳动就业的，可以对残疾赔偿金作相应调整。

残疾赔偿金是对受害人因人身遭受损害致残而丧失全部或者部分劳动能力的财产赔偿。由于人身损害造成受害人残疾，致使劳动能力部分丧失或者全部丧失，会造成受害人正常收入的减少或者丧失，因而，残疾受害人遭受人身损害以后，会减少或者丧失自己的收入。这种损失是人身损害的直接后果，应当由赔偿义务人进行赔偿。

关于残疾赔偿金的计算标准，受诉法院所在地上一年度城镇居民人均可支配收入或者农村居民人均纯收入是一个客观的标准。政府统计部门都会在每一个统计年度结束后的一定时间，公布各省、自治区、直辖市以及经济特区和计划单列市上一年度相关统计数据，其中就包括上一年度城镇居民人均可支配收入或者农村居民人均纯收入。关于计算期限，《人身损害赔偿司法解释》也采取定型化方式，即以二十年的固定期限为标准。在第十二条第一款规定："自定残之日起按二十年计算。但六十周岁以上的，年龄每增加一岁减少一年；七十五周岁以上的，按五年计算。"

计算公式具体如下：

（1）残疾赔偿金（60周岁以下的人）= 伤残等级（1级的按100计算，2级的减少10%，其他依此类推）× 受诉法院所在地上一年度城镇居民人均可支配收入或者农村居民人均纯收入 × 20年；

（2）残疾赔偿金（60周岁以上的人）= 伤残等级（1级的按100计算，2级的减少10%，其他依此类推）× 受诉法院所在地上一年度城镇居民人均可支配收入或者农村居民人均纯收入 ×(20年 - 增加岁数)；

（3）残疾赔偿金（75周岁以上的人）= 伤残等级(1级的按100计算，2级的减少10%，其他依此类推) × 受诉法院所在地上一年度城镇居民人均可支配收入或者农村居民人均纯收入 ×5年。

8 人身损害赔偿义务人应承担的残疾辅助器具费如何计算？

根据《人身损害赔偿司法解释》第十三条规定，残疾辅助器具费按照普通适用器具的合理费用标准计算。伤情有特殊需要的，可以参照辅助器具配制机构的意见确定相应的合理费用标准。辅助器具的更换周期和赔偿期限参照配制机构的意见确定。

残疾辅助器具是因伤致残的受害人为补偿其遭受创伤的肢体器官功能、辅助其实现生活自理或者从事生产劳动而购买、配制的生活自助器具，主要包括：（1）肢残者用的支辅器、假肢及其零部件、假眼、假鼻、内脏拖带、矫形器、矫形鞋、非机动助行器、代步工具（不包括汽车、摩托车）、生活自助具、特殊卫生用品；（2）视力残疾者使用的盲杖、导盲镜、助视器、盲人阅读器；（3）语言、听力残疾者使用的语言训练器、助听器；（4）智力残疾者使用的行为训练器、生活能力训练用品。侵害健康权致使受害人身体残疾的，且残疾程度较重，残疾受害人可能需要上述残疾辅助器具进行辅助，这种费用支出的损失同侵权人的侵害行为具有相当因果关系，应当由侵权人来承担。

对于残疾辅助器具的最长赔偿年限问题，我国现行法律和司法解释都没有明确规定，在司法实践中裁判标准不一。有的法院比照残疾或死亡赔偿金、后续治疗费等不超过二十年的标准计算，有的法院按人均寿命计算。

【案例 1-3】：超出法定期限的人身损害赔偿如何确定？

> **案情介绍** 原告陈某跟随丈夫王某雄到被告某建筑集团分公司位于宁夏的项目工地，在未经被告同意的情况下入住该项目工地的临时活动板房。4月29日清晨，该地发生大风沙尘天气，陈某及其丈夫居住的板房发生倒塌，导致陈某受伤。陈某起诉请求判令被告赔偿各项损失2845312元。

经司法鉴定，陈某为颈髓损伤，属二级伤残，生存期间需一人护理。湖北省假肢矫形技术中心出具的辅助器具装配鉴定书认定陈某需装配国产截瘫专用轮椅车、防褥疮垫、双下肢矫形支具，上述器具的更换次数按当地的人均寿命计算。

法院经审理认为，陈某受伤系被告公司所有的房屋倒塌所致，公司作为房屋的所有者应当承担民事责任。而陈某及丈夫在未经被告许可的情况下擅自入住，且陈某丈夫王某雄在该地工作多年，对于当地的大风沙尘天气及其危险性有所了解，对房屋倒塌的风险性应当有所预见，并未引起足够的警觉和采取及时安全转移等应对措施，陈某自身也具有一定过错，应自行承担部分责任。法院判决被告承担80%的责任。对于超过本判决确定的二十年护理期限、辅助器具费给付年限或残疾赔偿金给付年限，赔偿权利人确需护理、配置辅助器具或没有劳动能力和生活来源，可另行主张权利。

按照《人身损害赔偿解释》第十三条的规定，残疾辅助器具的更换周期、赔偿期限和费用标准均参照配制机构的意见确定。可见，配置机构的意见对于残疾辅助器具赔偿数额的确定至关重要。但配置机构不是法定鉴定机构，司法解释也规定对配置机构的意见只是参照，没有规定必须采纳，因此，法院应该根据个案的实际情况来确定赔偿期限。在本案中，陈某颈髓损伤属二级伤残，在尿失禁、完全护理依赖的情况下，配置机构出具意见的更换次数按人均寿命计算有不当之处。法院按二十年的期限判决，并保留二十年后另行起诉的权利是综合平衡各种情况，结合本案的实际情况确定的，是比较恰当的。

⑨ 人身损害赔偿义务人应承担的丧葬费和死亡赔偿金如何计算？

根据《人身损害赔偿司法解释》第十四条和第十六条规定，丧葬费按照受诉人民法院所在地上一年度职工月平均工资标准，以六个月总额计算。死亡赔偿金按照受诉人民法院所在地上一年度城镇居民人均可支配收入或者农村居民人均纯收入标准，按二十年计算。但六十周岁以上的，年龄每增加一岁减少一年；七十五周岁以上的，按五年计算。被扶养人生活费计入残疾赔偿金或者死亡赔偿金。

死亡赔偿金是对死亡受害人的近亲属的损害赔偿。人身损害赔偿司法解释对死亡赔偿金采取定型化赔偿模式，即赔偿数额按照"受诉法院所在地上一年度城镇居民人均可支配收入或者农村居民人均纯收入"的客观标准，以二十年固定赔偿年限计算。需要注意的是，如果赔偿权利人能够举证证明其住所地或者经常居住地城镇居民人均可支配收入或者农村居民人均纯收入高于受诉法院所在地标准的，死亡赔偿金可以按照其住所地或者经常居住地的相关标准计算。

死亡赔偿金计算公式具体如下：

（1）60周岁以下人员的死亡赔偿金 = 上一年度城镇居民人均可支配收入（农村居民人均纯收入）×20年；

（2）60～75周岁人员的死亡赔偿金＝上一年度城镇居民人均可支配收入（农村居民人均纯收入）×［20－（实际年龄－60）］；

（3）75周岁以上人员的死亡赔偿金＝上一年度城镇居民人均可支配收入（农村居民人均纯收入）×5年。

⑩ 超过确定的护理期限、辅助器具费给付年限或者残疾赔偿金给付年限，赔偿权利人能否要求赔偿义务人继续支付相关费用？

根据《人身损害赔偿司法解释》第十九条规定，超过确定的护理期限、辅助器具费给付年限或者残疾赔偿金给付年限，赔偿权利人向人民法院起诉请求继续给付护理费、辅助器具费或者残疾赔偿金的，人民法院应予受理。赔偿权利人确需继续护理、配制辅助器具，或者没有劳动能力和生活来源的，人民法院应当判令赔偿义务人继续给付相关费用五至十年。

《人身损害赔偿司法解释》第八条、第十二条、第十三条规定对于赔偿义务人给付赔偿权利人的护理费、辅助器具费或者残疾赔偿金的时间最长不得超过二十年。这一规定使得赔偿权利人的护理费、辅助器具费或者残疾赔偿金超过最长给付年限后继续发生的费用，往往得不到保障。《人身损害赔偿司法解释》第十九条赋予赔偿权利人就赔偿期限届满后再次起诉的权利，使得按二十年计算相关损害赔偿金的定额化赔偿方式的不利因素基本上被消除。

但是，需要注意的是，只有超过确定的护理期限、辅助器具费给付年限或残疾赔偿金给付年限，赔偿权利人才可以向人民法院起诉请求继续给付，而且针对继续赔偿的适用范围也不能随意无限扩张，只能限定护理费、辅助器具费和残疾赔偿金。

继续赔偿的护理费与常规赔偿中的护理费不同,主要在于常规赔偿中的护理费在先前已经确定,是实际发生的,而继续赔偿的护理费在最初是无法确定的,只是随着时间的推移,受害人在原先的赔偿基础上仍然无法获得完全救济,需要再次进行赔偿,对有继续护理必要的受害人所作的赔偿。两者在赔偿的时间上也是不同的,常规赔偿中的护理费的期限应计算至受害人恢复生活自理能力时止,或者受害人因残疾不能恢复生活自理能力的,可以根据其年龄、健康状况等因素确定合理的护理期限,但最长不超过二十年;而继续赔偿中的护理费,只能继续给付相关费用五至十年。

辅助器具费,如果先前对此的赔偿未必能完全满足受害人的需要,这就使得对受害人的继续配制辅助器具的费用进行赔偿成为必需。但是赔偿权利人继续主张辅助器具费应当举证证明且以必需为前提。

残疾赔偿金在超出给付年限后,对没有劳动能力和生活来源的受害人还有进一步赔偿的必要。继续赔偿中的残疾赔偿金赔偿的时间在超出给付赔偿金的年限后请求,而常规赔偿中的残疾赔偿金是在受害人受到损害后请求;在赔偿的时间上也有所不同,继续赔偿中的残疾赔偿金赔偿五至十年,而常规赔偿中的残疾赔偿金"自定残之日起按二十年计算。但六十周岁以上的,年龄每增加一岁减少一年;七十五周岁以上的,按五年计算"。

【案例1-4】:超出法定年限的赔付条件是什么?

▶ 案情介绍 1992年贺某在乘坐瞿某驾驶的营运小客车时发生交通事故,贺某受伤,后经鉴定为伤残一级。双方在法院主持下达成调解，瞿某履行了赔偿义务。

2014年贺某诉至法院，请求判令瞿某继续赔偿10年相关费用：残疾赔偿金、护理费、残疾辅助器具费等，各项费用共计723180元。诉讼中，经瞿某申请，对贺某的残疾等级和护理时间进行了重新鉴定，结论为一级伤残、终身护理依赖。

法院经审理认为，贺某主张的护理费、残疾辅助器具费，均为超过原诉讼确定的20年给付年限的费用，且有鉴定意见证明属必然发生的费用，故法院予以支持。但对超过残疾赔偿金给付年限的残疾赔偿金予以支持，必须同时满足受害人没有劳动能力和没有生活来源两个条件。根据法院查明的事实，原告有生活来源，故对其主张的超过残疾赔偿金给付年限的残疾赔偿金，不予支持。

关于赔偿年限问题。贺某目前不满46周岁，法院根据其年龄及生存状况，确定护理费和残疾器具辅助费的给付年限为十年。法院最终判决瞿某赔偿贺某护理费219000元、残疾器具辅助费3840元，驳回贺某的其他诉讼请求。

11 因侵权致人精神损害，但未造成严重后果的，被侵权人能否要求精神损害赔偿？

《民法典》第一千一百八十三条规定，侵害自然人人身权益造成严重精神损害的，被侵权人有权请求精神损害赔偿。因故意或者重大过失侵害自然人具有人身意义的特定物造成严重精神损害的，被侵权人有权请求精神损害赔偿。

根据《最高人民法院关于确定民事侵权精神损害赔偿责任若干问题的解释》第八条规定，因侵权致人精神损害，但未造成严重后果，

第一章 人身损害赔偿

受害人请求赔偿精神损害的，一般不予支持，人民法院可以根据情形判令侵权人停止侵害、恢复名誉、消除影响、赔礼道歉。因侵权致人精神损害，造成严重后果的，人民法院除判令侵权人承担停止侵害、恢复名誉、消除影响、赔礼道歉等民事责任外，可以根据受害人一方的请求判令其赔偿相应的精神损害抚慰金。

根据上述法律规定，并非只要侵害他人人身权益被侵权人就可以获得精神损害赔偿，"造成他人严重精神损害"才能够获得精神损害赔偿，"严重精神损害"是构成精神损害赔偿的法定条件。偶尔的痛苦和不高兴不能认为是严重精神损害。

请求精神损害赔偿的主体应当是直接遭受人身权侵害的被侵权人本人。受到他人侵害致残，或者名誉等人身权益受到他人侵害造成严重的精神损害的，可以请求精神损害赔偿。但是如果被侵权人死亡的，根据《民法典》第一千一百八十一条，被侵权人死亡的，其近亲属有权请求侵权人承担侵权责任。该条赋予被侵权人近亲属的请求权并没有明确排除精神损害赔偿，因此，在被侵权人已经死亡的情况下，近亲属也可以向侵权人主张精神损害赔偿。

司法实践中，精神损害赔偿的数额需要考虑侵权人的主观状态、被侵权人的伤残情况和遭受精神痛苦的情形等。目前，一些法院掌握的标准是最高不超过五万元，有的掌握的标准是最高不超过十万元。随着社会经济的发展变化，精神损害赔偿的数额也会随之发生变化。

12 自然人因人格权利遭受非法侵害的，能否要求精神损害赔偿？

根据《最高人民法院关于确定民事侵权精神损害赔偿责任若干问题的解释》第一条规定，自然人因下列人格权利遭受非法侵害，向人民法院起诉请求赔偿精神损害的，人民法院应当依法予以受理：（1）生命权、健康权、身体权；（2）姓名权、肖像权、名誉权、荣誉权；（3）人格尊严权、人身自由权。违反社会公共利益、社会公德侵害他人隐私或者其他人格利益，受害人以侵权为由向人民法院起诉请求赔偿精神损害的，人民法院应当依法予以受理。

因此，自然人因其人格权利遭受非法侵害的，受害人或者死者近亲属遭受精神损害，赔偿权利人有权向人民法院提起诉讼，要求赔偿义务人赔偿精神损害抚慰金。

【案例1-5】：自然人因人格权利遭受非法侵害的，能否要求精神损害赔偿？

▶ **案情介绍** 原告李某与某艺术学院在场地使用合作上产生矛盾，该艺术学院便委托律师事务所在某报纸上发表声明，公开声称原告李某既非艺术学院人员又非该单位培训中心人员，被告对原告个人以被告单位名义开展的任何活动均不予认可。原告认为，该声明发表之后，其亲属朋友纷纷打电话向其质询，以为原告一直对外以被告名义进行违法活动，招摇撞骗。对此，原告觉得非常苦闷和痛苦。原告认为被告故意隐瞒事实真相，在媒体上发表声明，欺骗社会公众，贬低原告形象，侵犯了原告的名誉权，给原告造成了巨大的精神痛苦。

故请求法院判决：被告公开发表赔礼道歉声明并赔偿原告精神抚慰金人民币2万元。

法院经审理认为，律师未尽必要的审查义务，即按照委托人的要求发布声明，如该声明违背事实，侵犯他人名誉权，律师事务所应对此承担连带侵权责任；在未明确指明起止时间的情况下，笼统地宣称原告"既非艺术学院人员又非培训中心人员"，该声明内容与事实不符。最终，法院判决被告停止侵害、赔礼道歉并赔偿原告精神损害抚慰金3000元。

13 自然人死亡后其人格权遭受侵害的，其近亲属能否要求精神损害赔偿？

根据《最高人民法院关于确定民事侵权精神损害赔偿责任若干问题的解释》第三条规定，自然人死亡后，其近亲属因下列侵权行为遭受精神痛苦，向人民法院起诉请求赔偿精神损害的，人民法院应当依法予以受理：（1）以侮辱、诽谤、贬损、丑化或者违反社会公共利益、社会公德的其他方式，侵害死者姓名、肖像、名誉、荣誉；（2）非法披露、利用死者隐私，或者以违反社会公共利益、社会公德的其他方式侵害死者隐私；（3）非法利用、损害遗体、遗骨，或者以违反社会公共利益、社会公德的其他方式侵害遗体、遗骨。可见，自然人死亡后，因其人格权利遭受非法侵害的，死者近亲属遭受精神损害，赔偿权利人有权向人民法院提起诉讼，要求赔偿义务人赔偿精神损害抚慰金。

⑭ 顾客的结婚照片在冲洗时被丢失，顾客能否要求精神损害赔偿？

《最高人民法院关于确定民事侵权精神损害赔偿司法解释》第四条规定，具有人格象征意义的特定纪念物品，因侵权行为而永久性灭失或者毁损，物品所有人以侵权为由，向人民法院起诉请求赔偿精神损害的，人民法院应当依法予以受理。一般来说，具有人格象征意义的特定纪念物品，是指与特定人格包括特定人的肖像名誉、荣誉、身世相联系，对持有者来讲具有一定的精神价值和纪念意义的物品，如恋人之间的定情物、结婚照、结婚庆典上的录像带、祖传器物等。对于这些具有人格象征意义的特定纪念物品，因他人的侵权行为而永久性灭失或者毁损的，物品所有人有权提起诉讼要求侵权人承担精神损害赔偿责任。

⑮ 赔偿义务人所承担的精神损害赔偿数额根据哪些因素确定？

根据《最高人民法院关于确定民事侵权精神损害赔偿责任若干问题的解释》第十条、第十一条规定，精神损害的赔偿数额根据以下因素确定：(1) 侵权人的过错程度，法律另有规定的除外；(2) 侵害的手段、场合、行为方式等具体情节；(3) 侵权行为所造成的后果；(4) 侵权人的获利情况；(5) 侵权人承担责任的经济能力；(6) 受诉法院所在地平均生活水平。受害人对损害事实和损害后果的发生有过错的，可以根据其过错程度减轻或者免除侵权人的精神损害赔偿责任。

第二节 侵权责任与承担

16 人身损害赔偿案件中的归责原则是怎样的？

所谓"归责"，是指行为人因其行为和物件致他人损害的事实发生以后，应依何种根据使其负责，此种根据体现了法律的价值判断，即法律应以行为人的过错还是应以已发生的损害结果为价值判断标准，抑或以公平考虑等作为价值判断标准，而使行为人承担侵权损害赔偿。

人身损害赔偿案件的归责原则是处理人身损害赔偿案件的基本准则。在司法实践中如何正确适用非常重要。

《民法典》第一千一百六十五条和第一千一百六十六条明确规定了我国侵权责任的归责原则，即过错责任原则、过错推定责任原则和无过错责任原则。

所谓过错责任原则，是指行为人因过错侵害他人民事权益造成损害的，应当承担侵权责任。过错责任的举证责任一般来说在原告，即实行谁主张谁举证的原则。在举证责任上按照民事诉讼的基本规则进行，即原告举证。原告要对自己的主张承担全部的举证责任，举证不足或者举证不能，应当承担败诉的结果。在适用过错责任原则的场合，被告原则上不承担举证责任，除非被告提出了自己的积极主张，例如提出原告的过错及其行为是致害发生的原因，则需要自己举证证明自己的主张成立。

所谓过错推定责任原则，依照法律规定推定行为人有过错，其不能证明自己没有过错的，应当承担侵权责任。如受害人不能证明加害人有过错，就不能得到经济补偿，为公平起见，法律规定了举证责任倒置的办法，改为由加害人证明自己无过错而免责，否则就要承担责任，或即使无过错也要承担责任。

所谓无过错责任原则，行为人造成他人民事权益损害，不论行为人有无过错，法律规定应当承担侵权责任的，依照其规定。在法律规定适用无过错责任原则的案件中，法官在判断被告应否承担侵权责任时，不考虑被告有无过错，不要求原告证明被告有过错，也不允许被告主张自己无过错而请求免责。只要审理查明，被告的行为与原告损害之间存在因果关系，即可判决被告承担侵权责任。由于这种责任的承担，并不考虑行为人的主观意识状态，而只考虑损害结果和免责事由，故又被称为客观责任。这种责任在承担条件和责任后果上更为严格，故也被称为严格责任。适用无过错责任原则的意义在于加重行为人责任，及时救济受害人，使其损害赔偿请求权更容易实现。

17 二人以上共同实施侵权行为，造成他人人身损害的，如何承担侵权责任？

《民法典》第一千一百六十八条规定，二人以上共同实施侵权行为，造成他人损害的，应当承担连带责任。

侵权行为按造成损害的人数多少，分为单独侵权和多人侵权。二人以上的多人侵权行为又称共同侵权行为。共同侵权行为，是指二人以上的行为人基于共同的故意或者过失，共同实施损害他人并造成他人损害结果的行为。所谓共同故意，主要表现为各个侵权人实施侵权行为时在主观上具有同谋或者意思联络。若各个侵权人在实施对被侵权人的侵害行为时不具有同谋或者意思联络，则不属于共同侵权行为，而是分别实施侵权行为。所谓共同过失，主要表现为各个侵权人对被侵权人实施侵权行为时主观上都未尽到必要的注意义务。

【案例1-6】：二人以上共同实施侵权行为，造成他人人身损害的，如何承担侵权责任？

● 案情介绍　郭某和杜某均为某村村民。2003年9月，该村在电网线路整修时，郭某和杜某等六户照明用电暂被停用。为了用电，二人未向电管部门申请批准，私下从同组村民家的电表箱外接一根照明用电线至二人家中，全长200余米，途经该组村民徐某家院子边，在院子边沿处有一电线接口，接口处外包皮剥落，导致裸露，郭某和杜某用一截木棍将裸露处的两股导线顶开。数天后，同村村民李某的5岁小孩在此玩耍时，左手触摸到电线裸露处，被电击当场死亡。法院经审理认为，在本案中，郭某和杜某都对电线裸露致人死亡存在过失，构成本条规定的共同侵权，应当对受害人承担连带责任。

18 二人以上实施有危害他人的危险行为，其中一人或者数人的行为造成他人损害的，如何承担侵权责任？

《民法典》第一千一百七十条规定，二人以上实施危及他人人身、财产安全的行为，其中一人或者数人的行为造成他人损害，能够确定具体侵权人的，由侵权人承担责任；不能确定具体侵权人的，行为人承担连带责任。

本条是关于共同实施危险行为（即共同危险行为）侵权责任承担的规定。根据上述规定，共同危险行为是指二人以上共同实施了侵害他人的危险行为，其中一人或者数人的行为造成了损害他人的结果，但不能判明该损害结果为哪一人或者哪几人的行为所致。也可以说，在实施共同危险行为的情况下，每个实施危险行为的人都有可能是造成被侵权人损害后果的侵权人。

根据上述规定，在二人以上实施共同危险行为且造成他人损害结果的情况下，能够确定具体侵权人的，由侵权人承担责任；不能确定具体侵权人的，行为人承担连带责任。可见，在二人以上实施侵权行为且造成他人损害结果时，若能够判明该损害结果为其中何人或者哪几人的行为所致，则应当由实施该侵权行为并造成被侵权人损害的人即具体侵权人承担责任；若不能判明该损害结果为其中何人或哪几人的行为所致，即不能确定具体侵权人的，被侵权人即受害人有权要求任何一个或数个共同危险行为人承担全部赔偿责任，而任何一个或数个共同危险行为人都有义务向受害人付全部赔偿责任；共同危险行为人中的一个或数个承担全部赔偿责任的，受害人再无权要求其他共同危险行为人承担赔偿责任。

【案例1-7】：二人以上实施有危害他人的危险行为，其中一人或者数人的行为造成他人损害的，如何承担侵权责任？

● 案情介绍 张某、王某、陈某、刘某为大学同学，2009年1月2日，四人一起吃饭喝酒，酒后四个人一同去滑雪，其间，四人玩得高兴，就打起雪仗，当张某、王某、陈某一起向刘某投掷雪球后，刘某倒地不起，众人急忙将其扶起，发现有雪球刚好打在刘某左眼上，后将刘某送往医院治疗，虽经治疗，但仍造成刘某左眼失明。张某、王某、陈某均否认是自己打中了刘某，均拒绝承担责任。

法院经审理认为，张某、王某、陈某三人向被害人头部投掷雪球的行为具有侵害他人的可能性，疏忽应有的注意义务，致使打伤眼睛而失明的损害结果发生，在被告彼此否认侵权、真实行为人难以判明，法庭在各方当事人均否认加害行为的情况下，用推定的方式判决共同危险实施人共同赔偿受害人刘某经济损失57507.7元。

19 因见义勇为救助他人而使自己受伤的，能否要求受益人补偿？

《民法典》第一百八十三条规定，因保护他人民事权益使自己受到损害，由侵权人承担民事责任，受益人可以给予适当补偿。没有侵权人、侵权人逃逸或者无力承担民事责任，受害人请求补偿的，受益人应当给予适当补偿。

可见，在他人人身及财产等民事权益受到损害的情况下，因见义勇为或者实施正当防卫以防止或者制止他人民事权益被侵害而受到损害的，应当由侵权人即侵犯他人人身及财产等民事权益的加害人对见义勇为或者实施正当防卫的救助人和帮助人承担损害赔偿等侵权责任，而不是由被帮助、被救助的受益人对帮助人和救助人承担责任。但是，侵权人逃逸导致对其无法追责或者虽对其提起诉讼但其无力承担赔偿责任的情况下，被侵权人即帮助人或者救助人对其因帮助、救助他人所遭受的损失，可以向受益人请求补偿，受益人应当根据其受益程度、自身财力状况以及被侵权人的损害情况等给予适当补偿，而不得以应当由侵权人承担侵权责任为由加以拒绝。

20 被侵权人对于自身人身损害的发生也有过错的，侵权人如何承担赔偿责任？

依据我国《民法典》第一千一百八十六条、第一千一百八十七条的规定，受害人和行为人对损害的发生都没有过错的，依照法律的规定由双方分担损失。损害发生后，当事人可以协商赔偿费用的支付方式。协商不一致的，赔偿费用应当一次性支付；一次性支付确有困难的，可以分期支付，但是被侵权人有权请求提供相应的担保。

在侵权行为中损害是由侵权行为人导致的，但被侵权人对损害的发生也有过错，这种情况下可以减轻侵害人的相关赔偿责任。可见，在被侵权人对损害的发生也有过错的情况下被侵权人的损害是由被侵权人自身过错和侵权人的共同过错或者分别过错造成的，在此情形下侵权人所承担的赔偿责任应当与其过错相适应，也就是说被侵权人因自身过错而导致的自身应当承担的损害份额之外的损害赔偿责任由侵权人承担。

21 人身损害是因受害人故意造成的，实际加害人是否承担责任？

《民法典》第一千一百七十四条规定，损害是因受害人故意造成的，行为人不承担责任。

受害人故意造成损害，是指受害人明知自己的行为会发生损害自己的后果，而希望或者放任此种结果的发生。受害人故意分为直接故意和间接故意。直接故意是指受害人从主观上追求损害自己的结果发生，例如受害人摸高压线自杀；间接故意是指受害人已经预见自己的行为可能发生损害自己的结果,但不停止该行为,而是放任损害结果的发生,例如受害人盗割高压线,导致自己伤亡。本条规定对行为人免责,是指损害完全是因为受害人的故意造成的,即受害人故意的行为是其损害发生的唯一原因。

如果有证据证明损害是由于受害人的故意造成,但也有证据证明行为人对损害的发生也有故意或者重大过失的,应适用《民法典》关于有过失的规定。例如甲在高速公路上自杀,乙驾驶的机动车已经超速,发现甲后也没有采取任何避让或者制动措施,反而加速冲向甲,造成甲的死亡。如果有其他证据证明乙的行为是故意的,则乙构成杀人罪,并且应当承担相应的赔偿责任;如果有证据证明乙的行为属于重大过失,例如醉酒驾车,乙也应当承担相应的赔偿责任。

【案例1-8】：人身损害是因受害人故意造成的,实际加害人是否承担责任?

◉ **案情介绍** 元某是一名无业青年,没有固定的生活来源,一次他从别人那里听说通过"碰瓷"的方式进行敲诈来钱快,于是打算以此来赚钱。一日夜间,元某躲在一处拐弯路口,等待时机下手,此时顾某正好驾车经过,元某突然从路旁冲上机动车道,顾某虽然立即进行刹车,但仍将元某撞倒在地,导致了元某几处擦伤。于是元某借机进行敲诈,要求顾某对这些损伤进行赔偿。

法院经审理认为,受害人故意造成损害,是指受害人明知自己的行为会发生损害自己的后果,而希望或者放任此种结果的发生。如果受害人故意造成自己损害而让无辜的行为人承担了责任,则是法律的悲哀。因此,我国《民法典》规定,损害是因受害人故意造成的,行为人不承担责任。本案中，元某的受伤是其故意造成的，顾某不承担任何责任。

22 人身损害是因第三人造成的，应当由谁承担侵权责任？

《民法典》第一千一百七十五条规定，损害是因第三人造成的，第三人应当承担侵权责任。本条是关于第三人侵权行为及其责任承担的规定。这里的"第三人"，是指实际加害人和被侵权人之外的，通过实际加害人的行为造成被侵权人损害的侵权责任人。在第三人侵权行为中，第三人与实际加害人既不具有共同的故意或过失，又不存在实际加害人和第三人对被侵权人的分别侵权行为，而是由于第三人的故意或者过失行为导致加害人直接被侵权人造成损害的。被侵权人的损害是因第三人造成的，因此，第三人应当对被侵权人承担全部侵权责任。

【案例1-9】：人身损害是因第三人造成的，应当由谁承担侵权责任？

▶ **案情介绍** 甲厂向某湖排放有毒污水，污水流经乙承包的鱼塘，丙因与乙素有仇怨而向乙的鱼塘投毒，乙鱼塘的鱼苗全部被毒死，经查乙的鱼苗系被丙所投毒物毒死。这个案例中，虽然甲厂对乙有侵权行为，且按照无过错原则应承担侵权责任，但是因其损害结果是由丙造成的，因此乙的损失应由丙负责赔偿。

23 因不可抗力造成他人人身损害的，是否承担责任？

《民法典》第一百八十条规定，因不可抗力不能履行民事义务的，不承担民事责任。法律另有规定的，依照其规定。不可抗力是指不能预见、不能避免且不能克服的客观情况。

通常情况下，所谓不可抗力是指合同订立时不能预见、不能避免并不能克服的客观情况，包括自然灾害，如台风、地震、洪水、冰雹；政府行为，如征收、征用；社会异常事件，如罢工、骚乱等方面。关于对"不可预见"的理解，应是根据现有的技术水平，一般对某事件的发生没有预知的能力。人们对某种事件发生的预知能力取决于当代的科学技术水平。某些事件的发生，在过去不可预见，但随着科学技术水平的发展，现在就可预见。例如现在对天气预报的准确率达到百分之九十以上，人们对狂风暴雨的规避能力已大大提高。另外，人们对某事件发生的预知能力因人而异，有些人能预见到，也有些人预见不到，所以应当以一般人的预知能力作为标准。

例如，某地气象台天气预报明后天有7级以上的大风，当地城管部门也及时通知街道两侧的商铺将架在门前的摊位帐篷撤下，商铺摊主甲未予理睬，结果第二天大风将摊位帐篷刮倒并砸伤行人乙。对乙造成的损害，甲应负全部赔偿责任，不得以7级以上的大风属于不可抗力为由进行免责抗辩。

再如，某地发生地震，丙的房屋瞬间坍塌并将行人丁砸伤，因该地震属于不可抗力，丁对丙房屋砸伤造成的损害无权要求丙承担责任。此外，法律另有规定因不可抗力造成他人损害，相关责任人需承担或者减轻责任的，应当依照其规定。

24 受害人因进行防卫对侵害人造成损害的，是否承担民事责任？

《民法典》第一百八十一条规定，因正当防卫造成损害的，不承担民事责任。正当防卫超过必要的限度，造成不应有的损害的，正当防卫人应当承担适当的民事责任。

正当防卫是指本人、他人的人身权利、财产权利遭受不法侵害时，行为人所采取的一种防卫措施。正当防卫作为行为人不承担责任和减轻责任的情形，其根据是行为的正当性、合法性，表明行为人主观上没有过错。正当防卫是法律赋予公民自卫的权利，是属于受法律鼓励的行为，目的是保护公民本人、他人不受侵犯。

进行正当防卫必须符合以下条件：（1）必须是针对不法侵害行为实施的，没有不法侵害就没有正当防卫的必要性。（2）必须是对正在进行的不法侵害行为实施的，对于已经结束的不法侵害行为不能实施。（3）必须是针对不法侵害人本人实施。（4）不能超过必要的限度。

这里所说的"必要限度"是指为有效制止不法侵害行为所必须的防卫强度，即能够制止住不法侵害行为的继续进行为强度。明显超过必要的限度，并给不法侵害人造成不应有损害的，属于防卫过当。如何确定和理解正当防卫的必要限度，侵权责任法并没有明确的规定。通常情况下，法院在自由裁量时，需要从权衡各方利益的角度考虑，既有利于维护防卫人的权益，又要考虑到对不法行为人的合法权益的保护，防卫行为应以足以制止不法侵害为必要限度。从防卫的时间上讲，对于侵权人已经被制服或者侵权人已自动停止侵权行为的，防卫人不得再进行攻击行为；从防卫手段来讲，能够用较缓和的手段进行有效的防卫之情况下，不允许用激烈的手段进行防卫。对于没有明显危及人身、财产等重大利益的不法侵害行为，不允许采取造成重伤等手段对侵权人进行防卫。

防卫过当所造成的"损害"既包括对侵权人人身权利的损害，又包括对侵权人财产权利的损害。受害人在正当防卫的必要限度内实施防卫行为，因此给不法侵害人造成损害的不承担责任。但超过必要的限度，给不法侵害人造成损害的，正当防卫人应当承担适当责任。所谓"适当的责任"，指不对侵权人的全部损失赔偿，而是根据防卫人过错的程度，由防卫人在损失范围内承担一部分责任。

25 因紧急避险造成他人损害的，紧急避险人是否承担民事责任？

《民法典》第一百八十二条规定，因紧急避险造成损害的，由引起险情发生的人承担民事责任。危险由自然原因引起的，紧急避险人不承担民事责任或者给予适当补偿。紧急避险采取措施不当或者超过必要的限度，造成不应有的损害的，紧急避险人应当承担适当的民事责任。

紧急避险是指为了使本人或者他人的人身、财产和其他权利免受正在发生的危险，不得已采取的紧急避险行为，造成损害的，不承担责任或者减轻责任的情形。危险有时来自人的行为，有时来自自然原因。不管危险来源于哪儿，紧急避险人避让风险、排除危险的行为都有其正当性、合法性。

紧急避险的要件：(1)必须是为了使本人、他人的人身、财产权利免受危险的损害;(2)必须是对正在发生的危险采取的紧急避险行为。倘若危险已经消除或者尚未发生,或者虽然已经发生但不会对合法权益造成损害,则不得采取避险措施。某人基于对危险状况的误解、臆想而采取避险措施,造成他人利益损害的,应向他人承担民事责任;(3)必须是在不得已情况下采取避险措施。所谓不得已是指当事人面对突然而遇的危险,不得不采取紧急避险措施,以保全更大的利益,且这个利益是法律所保护的;(4)避险行为不能超过必要限度。所谓不能超过必要的限度,是指在面临紧急危险时,避险人应采取适当的措施,以尽可能小的损害保全更大的法益,即紧急避险行为所引起的损害应轻于危险所可能带来的损害。只有满足以上4个要件,才能构成紧急避险,行为人(避险人)免予民事责任。

紧急避险人造成本人或者他人损害的,由引起险情发生的人承担责任。例如,甲因在河堤上取土而致使河堤决口。乙驾驶从丙处借来的农用车正巧从此经过,迫不得已将车推进决口,决口被成功堵塞。丙的农用车的损失,应由甲承担赔偿责任。

如果危险是由自然原因引起的,紧急避险人是为了他人的利益而采取了避险行为,造成第三人利益损害的,紧急避险人免予对第三人承担责任。例如甲、乙、丙系邻居,丙的房子因雷击失火,甲为了引消防车进入而推倒了乙的院墙,消防车进入后及时扑灭了丙家的大火。按照"紧急避险"的抗辩事由,甲对乙不承担赔偿责任,应由受益人丙对乙给予适当补偿。

如果危险是由自然原因引起的,紧急避险人是为了本人的利益而采取了避险行为,造成第三人利益损害的,紧急避险人本人作为受益人,应当对第三人的损害给予补偿。例如甲、乙系邻居,甲的房子因雷击失火,甲为了引消防车进入而推倒了乙的院墙,消防车进入后及时扑灭了自家的大火。甲作为受益人,对乙应当给予补偿。

因紧急避险采取措施不当或者超过必要的限度,造成不应有的损害的,紧急避险人应当承担适当的责任。"紧急避险采取措施不当",是指在当时的情况下能够采取可能减少或避免损害的措施而未采取,或者采取的措施并非排除险情所必须。例如,甲的汽车自燃,因燃油泄漏,火势加大。乙在帮助灭火时,采取往燃烧的汽车上浇水的措施,由于水与燃油气体结合,导致火势进一步蔓延,将丙的房屋烧毁。由于乙采取的避险措施不当,对丙的损失,乙应承担适当的责任。

第二章 特殊侵权责任

第一节 产品责任

26 什么是产品责任?

产品责任是指因产品存在缺陷造成他人损害所应承担的侵权责任。《民法典》第一千二百零二条规定,因产品存在缺陷造成他人损害的,生产者应当承担侵权责任。这里的"产品",根据《中华人民共和国产品质量法》(以下简称《产品质量法》)第二条规定,产品是指经过加工、制作,用于销售的产品。建设工程不适用本法规定;但是,建设工程使用的建筑材料、建筑构配件和设备,属于前款规定的产品范围的,适用本法规定。根据上述规定,"产品责任"中的产品是指经过加工、制作,用于销售的产品,包括建设工程使用的建筑材料、建筑构配件和设备等,但农林牧副渔等农副产品、食品、药品、矿产品、废旧物品和铁路、公路、机场码头、桥梁房屋等建设工程不属于产品。

《产品质量法》第四十三条规定，因产品存在缺陷造成人身、他人财产损害的，受害人可以向产品的生产者要求赔偿，也可以向产品的销售者要求赔偿。属于产品的生产者的责任，产品的销售者赔偿的，产品的销售者有权向产品的生产者追偿。属于产品的销售者的责任，产品的生产者赔偿的，产品的生产者有权向产品的销售者追偿。

这里的"产品缺陷"，根据《产品质量法》第四十六条规定，缺陷是指产品存在危及人身、他人财产安全的不合理的危险；产品有保障人体健康和人身、财产安全的国家标准、行业标准的，是指不符合该标准。

【案例 2-1】产品责任的赔偿范围是怎样的？

▶ **案情介绍** 高小姐在超市订购了一套电热水器，由商场负责安装。当晚，高小姐洗澡时，因热水器漏电，不幸死亡。显然，这是一起由产品缺陷造成的人身伤亡事件。高小姐的家人完全可以向生产者或经营者索赔，如果二者互相推诿的话，可以以二者为共同被告向人民法院提起诉讼，主张人身损害赔偿。根据《产品质量法》第四十四条规定，因产品存在缺陷造成受害人人身伤害的，侵害人应当赔偿医疗费、治疗期间的护理费、因误工减少的收入等费用；造成残疾的，还应当支付残疾者生活自助具费、生活补助费、残疾赔偿金以及由其扶养的人所必需的生活费等费用；造成受害人死亡的，并应当支付丧葬费、死亡赔偿金以及由死者生前扶养的人所必需的生活费等费用。

27 因产品缺陷受害的受害者的救济途径有哪些?

根据《民法典》第一千二百零三条规定,因产品存在缺陷造成他人损害的,被侵权人可以向产品的生产者请求赔偿,也可以向产品的销售者请求赔偿。

产品缺陷由生产者造成的,销售者赔偿后,有权向生产者追偿。因销售者的过错使产品存在缺陷的,生产者赔偿后,有权向销售者追偿。

根据上述规定,生产者承担产品责任不以其主观上存在过错为前提,只要产品存在缺陷造成他人损害,除非存在法定的免责事由,生产者均应承担侵权责任。可见,产品责任属于无过错责任,生产者承担产品责任须具备以下要件:(1)产品存在缺陷。产品缺陷是指产品存在危及人身、他人财产安全的不合理的危险;产品有保障人体健康和人身、财产安全的国家标准、行业标准的,是指不符合该标准。(2)产品存在的缺陷给被侵权人造成了损害。这里的"被侵权人"是指遭受产品缺陷损害的受害人,包括产品购买人、使用人及其他直接受害人。这里的"损害"包括人身损害和财产损害。(3)产品缺陷与被侵权人遭受的损害事实之间具有因果关系。也就是说,产品缺陷是导致这种损害结果发生的必然原因和不可排除的条件。在具备上述产品责任要件下,生产者只要不能举证证明存在依法免责的事由,就不能以不具有主观过错(即故意或者过失)为由主张免责。

【案例 2-2】因产品缺陷而受害的受害者的救济途径有哪些?

➡ **案情介绍** 原告亲属林某在乘坐被告生产的三菱吉普车时,因前挡风玻璃在行驶途中突然爆裂而被震伤致猝死。原告请求判令被告对林某之死承担责任，赔偿丧葬费、误工费、差旅费、鉴定费、抚恤金、教育费、生活补助费等共计人民币50万元。

法院经审理认为，因产品缺陷致人身损害应承担无过错责任，无须证明生产者有过错，而且产品是否存在缺陷的举证责任应由生产者承担。本案唯一证明产品是否存在缺陷的物证——爆破后的前挡风玻璃，车主单位在与被上诉人三菱公司约定封存后，曾数次提出要交国家质检中心检验鉴定。三菱公司承诺后，却不经车主单位许可，擅自将玻璃运往日本；后虽然运回中国，但三菱公司无法证明运回的是原物，且玻璃此时已破碎得无法检验。三菱公司主张将与事故玻璃同期、同批号生产出来的玻璃提交给国家质检中心进行实物鉴定，遭原告反对。在此情况下，举证不能的败诉责任理应由三菱公司承担。据此，法院判令被告支付原告各项损失计496901.9元。

28 在哪些情形下，因产品缺陷造成人身损害的受害人无权要求赔偿？

《产品质量法》第四十一条规定，因产品存在缺陷造成人身、缺陷产品以外的其他财产（以下简称他人财产）损害的，生产应当承担赔偿责任。生产者能够证明有下列情形之一的，不承担赔偿责任：（1）未将产品投入流通的；（2）产品投入流通时，引起损害的缺陷尚不存在的；（3）将产品投入流通时的科学技术水平尚不能发现缺陷的存在的。

此外，根据《民法典》的有关规定，损害是因受害人即被侵权人故意或者重大过失造成的，生产者不承担侵权责任。因产品生产者承担产品责任的归责原则是无过错责任，故其对上述依法免责事由负有举证证明的义务，在其不能举证证明存在以上法定免责事由的，其应当承担产品责任。

【案例 2-3】产品缺陷造成人身损害的受害人无权要求赔偿的情形

▶ **案情介绍** 上海市某区人民法院受理了一起化妆品损伤皮肤案，原告诉称：因使用了某 A 化妆品厂的产品造成面部皮肤严重损伤，要求被告赔偿经济损失。被告辩称：原告使用的化妆品确为自己工厂生产的产品，但该产品是厂内正处在研制过程的试验品，并未投入市场。经法庭调查，原告使用的化妆品是身为 A 化妆品厂检验员的男友所送，法庭委托有关产品检验机构对化妆品进行检测，结果表明：A 厂生产的化妆品以现代科学技术水平尚不能发现缺陷的存在，进一步对原告进行皮肤测试，结论是原告皮肤属于特殊的过敏性皮肤，对该化妆品具有特殊的过敏性，从而导致皮肤损伤。

法院经审理认为，生产者对缺陷产品造成的损害承担无过错责任，除非生产者能举证产品具备《民法典》规定的免责条件。本案原告使用的化妆品并非通过流通渠道所得，而是通过亲友私自从厂里拿来，该产品未进入流通领域，因此 A 厂不承担赔偿责任。此外，A 厂研制的试验品经过质量检验并未发现有害物质，对一般消费者并不存在缺陷；但产品中肯定还存在某些可能损害某些特殊过敏皮肤，在新的科学技术条件下有可能发现的产品缺陷，但是当时的社会科学技术水平认为该产品并不存在缺陷。因此，A 厂具备比较充分的免责条件，对原告的损害不承担赔偿责任。

29 对因产品缺陷造成的损害，被侵权人可以直接要求销售者承担侵权责任吗？

《民法典》第一千二百零三条规定，因产品存在缺陷造成他人损害的，被侵权人可以向产品的生产者请求赔偿，也可以向产品的销售者请求赔偿。

产品缺陷由生产者造成的，销售者赔偿后，有权向生产者追偿。因销售者的过错使产品存在缺陷的，生产者赔偿后，有权向销售者追偿。

根据上述规定，产品责任发生后，被侵权人有选择权，可以选择生产者也可以选择销售者承担产品责任。被侵权人无论选择二者之一的哪一方承担赔偿责任，这二者都不得以自己不是最终责任的承担者为由加以拒绝。至于产品责任的最终承担者是生产者还是销售者，是产品生产者和销售者二者之间的内部产品责任确定问题，都不应当对被侵权人行使赔偿请求权构成障碍。因此，无论出于受害人方便诉讼的考虑还是出于二者之中何者有无赔偿能力的权宜之计，被侵权人对因产品缺陷造成的人身、财产损害，既可以直接要求销售者承担侵权责任，又可以直接要求生产者承担侵权责任。当然，在销售者不能指明缺陷产品的生产者，也不能指明缺陷产品的供货者的情况下，被侵权人只能要求销售者承担侵权责任。

【案例2-4】产品责任中销售者与生产者责任分担的问题。

▶ **案情介绍** 赵某从个体户杨某处购买了4瓶"大江"牌啤酒。赵某刚将啤酒放下未起身，其中的一瓶啤酒突然发生爆炸，弹起的瓶盖将赵某的眼睛打伤，四处乱飞的碎玻璃片将赵某的脸、胳膊、腿多处划伤，鲜血直流。赵某住院治疗花掉 3000 多元，于是要求杨某赔偿其全部医疗费及误工费、营养费。杨某认为啤酒爆炸伤人不应由他负责，而应由啤酒生产者 G 市啤酒厂负责。后来经有关部门进行鉴定得出如下结论：啤酒爆炸是由于瓶内啤酒的压力严重超过规定标准所致，责任完全在于 G 市啤酒厂。于是，赵某向人民法院起诉，要求个体户杨某和 G 市啤酒厂赔偿他因啤酒爆炸所遭受的一切损失。

本案中，造成啤酒爆炸的原因是由于瓶内啤酒压力严重超过规定的标准，G 市啤酒厂应当承担产品质量责任。我国《产品质量法》第二十六条对生产者的产品质量责任作出了明确规定：生产者应当对其生产的产品质量负责。产品质量应当符合下列要求：不存在危及人身、财产安全的危险，有保障人体健康和人身、财产安全的国家标准、行业标准的，应当符合该标准。显然，G 市啤酒厂生产的啤酒本身就存在危及人身、财产安全的危险，没有达到产品质量要求。《产品质量法》第四十一条规定，因产品存在缺陷造成人身、其他财产损害的，生产者应当承担赔偿责任。

个体户杨某也应承担赔偿责任。《产品质量法》第四十条规定："售出的产品有下列情形之一的，销售者应当负责修理、更换、退货；给购买产品的用户、消费者造成损失的，销售者应当赔偿损失：（一）不具备产品应当具备的使用性能而事先未作说明；（二）不符合在产品或者其包装上注明采用的产品标准的；（三）不符合以产品说明、实物样品等方式表明的质量状况的。"本案中，个体户杨某销售的"大江"牌啤酒质量存在严重缺陷，因此杨某应当承担赔偿赵某遭受的损失的责任。但杨某在赔偿赵某的损失后，有权向产品的生产者即 G 市啤酒厂追偿。

30 生产者、销售者能否因第三人的过错使产品存在缺陷而免于承担侵权责任?

根据《民法典》第一千二百零四条的规定,因运输者、仓储者等第三人的过错使产品存在缺陷,造成他人损害的,产品的生产者、销售者赔偿后,有权向第三人追偿。

根据上述规定,生产者、销售者不能以损害是因运输者、仓储者等第三人的过错使产品存在缺陷而免于承担侵权责任。当然,产品的生产者、销售者向被侵权人承担先付赔偿责任后,有权依法向造成产品缺陷的第三人追偿。

【案例 2-5】第三人过错的责任承担问题。

◆ **案情介绍** 钟某从网上购买了一台笔记本电脑,收货使用后发现该电脑外壳上有明显的裂痕,而且使用过程中总是出现故障。经查才知道是电脑在送货过程中被摔过,快递公司换了个包装后又交给了钟某。事后钟某向电脑公司提出索赔,要求更换电脑,但电脑公司认为损害是快递公司造成的,不同意赔偿。

法院经审理认为,因运输者、仓储者等第三人的过错使产品存在缺陷,造成他人损害的,产品的生产者、销售者赔偿后,有权向第三人追偿。这是法律关于运输者、仓储者等第三人因过错致使产品存在缺陷造成他人损害的侵权责任及生产者、销售者先行赔偿后的追偿权的规定。因此,电脑公司应先行对钟某进行赔偿,再向快递公司进行追偿。

31. 产品投入流通后发现存在缺陷的，生产者、销售者应当及时采取哪些补救措施？

《民法典》第一千二百零六条规定，产品投入流通后发现存在缺陷的，生产者、销售者应当及时采取停止销售、警示、召回等补救措施；未及时采取补救措施或者补救措施不力造成损害扩大的，对扩大的损害也应当承担侵权责任。

依据前款规定采取召回措施的，生产者、销售者应当负担被侵权人因此支出的必要费用。

产品投入流通时，生产者、销售者可能因某种原因或者技术水平等未能发现产品有缺陷，在产品售出已经进入流通后才发现产品存在缺陷。在这种情形下，生产者、销售者应当及时以合理、有效的方式向使用人发出警示，或者采取召回缺陷产品等补救措施，以防止损害的发生或者损害进一步扩大。

警示，是指对产品有关的危险或产品的正确使用方式给予说明、提醒，请使用者在使用该产品时注意已经存在的危险或者潜在可能发生的危险，避免危险的发生，防止或者减少对使用者的损害。警示的作用：（1）告知使用者产品有危险，明示产品的缺陷；（2）让使用者知道在使用该产品时如何避免危险的发生，以保证人身、财产的安全。

召回，是产品的生产者、销售者依法定程序，对其生产或者销售的缺陷产品以换货、退货、更换零配件等方式，及时消除或减少缺陷产品危害的行为。缺陷产品召回制度已经在我国初步确立，《中华人民共和国食品安全法》（以下简称《食品安全法》）第五十三条规定，国家建立食品召回制度。食品生产者发现其生产的食品不符合食品安全标准或者有证据证明可能危害人体健康的，应当立即停止生产，召回已经上市销售的食品,通知相关生产经营者和消费者,并记录召回和通知情况。食品经营者发现其经营的食品有前款规定情形的,应当立即停止经营,通知相关生产经营者和消费者,并记录停止经营和通知情况。食品生产者认为应当召回的,应当立即召回。召回的意义在于防患于未然,生产者、销售者将缺陷产品从流通环节中撤回,阻断可能发生的危害。

依据《民法典》规定,对投入流通后发现存在缺陷的产品,生产者、销售者可以根据每个产品的不同性能、特点、作用、缺陷的状况、损害发生的概率等情况采取更有利于防止损害发生或者进一步扩大的措施。如果生产者、销售者对投入流通后发现存在缺陷的产品,不及时采取补救措施或者采取补救措施不力造成损害的,应当承担侵权责任。

㉜ 在什么情况下,被侵权人可以要求生产者、销售者承担惩罚性赔偿责任?

《民法典》第一千二百零七条明确规定,明知产品存在缺陷仍然生产、销售,或者没有依据前条规定采取有效补救措施,造成他人死亡或者健康严重损害的,被侵权人有权请求相应的惩罚性赔偿。

通常情况下,侵权人所承担的损害赔偿义务具有补偿性,一般不具有惩罚性。但是,为了遏制和惩罚侵权人的恶意、欺诈等故意实施侵权行为或者明知其行为会造成损害后果而放任(即间接故意)侵权行为发生,法律也明确规定侵权人在承担相应赔偿责任之外,再同时承担惩罚性赔偿责任。惩罚性赔偿也称惩戒性赔偿,是加害人给受害人超过其实际损害数额的一种金钱赔偿,是一种集补偿、惩罚、遏制等功能于一身的赔偿制度。

根据《民法典》上述的规定，适用惩罚性赔偿的条件：（1）侵权人具有主观故意，即明知是缺陷产品仍然生产或者销售；（2）要有损害事实，这种损害事实不是一般的损害事实，而应当是造成严重损害的事实，即造成他人死亡或者健康受到严重损害；（3）要有因果关系，即被侵权人的死亡或者健康严重受损害是因为侵权人生产或者销售的缺陷产品造成的。

本条还规定了惩罚性赔偿的适用范围，即在被侵权人死亡或者健康受到严重损害的范围内适用，除此之外的其他损害不适用惩罚性赔偿，例如被侵权人的财产损害。为防止滥用惩罚性赔偿，避免被侵权人要求的赔偿数额畸高，本条规定，被侵权人有权请求相应的惩罚性赔偿。这里的"相应"，主要指被侵权人要求的惩罚赔偿金的数额应当与侵权人的恶意相当，应当与侵权人造成的损害后果相当，与对侵权人威慑相当，具体赔偿数额由人民法院根据个案具体判定。

除了《民法典》之外，《食品安全法》第一百四十八条规定，消费者因不符合食品安全标准的食品受到损害的，可以向经营者要求赔偿损失，也可以向生产者要求赔偿损失。接到消费者赔偿要求的生产经营者，应当实行首负责任制，先行赔付，不得推诿；属于生产者责任的，经营者赔偿后有权向生产者追偿；属于经营者责任的，生产者赔偿后有权向经营者追偿。生产不符合食品安全标准的食品或者经营明知是不符合食品安全标准的食品，消费者除要求赔偿损失外，还可以向生产者或者经营者要求支付价款十倍或者损失三倍的赔偿金；增加赔偿的金额不足一千元的，为一千元。但是，食品的标签、说明书存在不影响食品安全且不会对消费者造成误导的瑕疵的除外。同时，《中华人民共和国消费者权益保护法》（以下简称《消费者权益保护法》）第五十五条规定，经营者提供商品或者服务有欺诈行为的，应当按照消费者的要求增加赔偿其受到的损失，增加赔偿的金额为消费者购买商品的价款或者接受服务的费用的三倍；增加赔偿的金额不足五百元的，为五百元。法律另有规定的，依照其规定。经营者明知商品或者服务存在缺陷，仍然向消费者提供，造成消费者或者其他受害人死亡或者健康严重损害的，受害人有权要求经营者依照本法第四十九条、第五十一条等法律规定赔偿损失，并有权要求所受损失二倍以下的惩罚性赔偿。

第二节　饲养动物损害责任

33　动物饲养人或管理人对其饲养的动物造成的他人损害，应当怎样承担责任？

《民法典》第一千二百四十五条规定，饲养的动物造成他人损害的，动物饲养人或者管理人应当承担侵权责任；但是，能够证明损害是因被侵权人故意或者重大过失造成的，可以不承担或者减轻责任。

根据上述规定，饲养动物损害责任属于无过错责任。即通常情况下，无论动物的饲养人或管理人是否存在过错，只要其饲养或管理的动物对他人造成了损害，动物饲养人或管理人就应当承担侵权责任。除非动物的饲养人或管理人能够举证证明，饲养动物对受害人的损害是由于受害人自己的故意或者重大过失造成的，否则就应承担损害赔偿责任。

如果被侵权人故意或者重大过失是人身损害结果发生的全部原因的，动物饲养人或者管理人全部免责；被侵权人的故意或者重大过失是人身损害结果发生的部分原因的，动物饲养人或者管理人部分免责。所谓的被侵权人故意，应当是因自己挑逗、刺激等诱发动物的行为直接造成自身损害，如果被侵权人的行为不足以诱发动物，其过失只是引起损害的部分原因或者次要原因，则不能认为被侵权人在该损害中存在故意或者重大过失。需要注意的是，动物致人损害适用举证责任倒置原则，被侵权人的故意或重大过失行为的举证责任在动物饲养人或管理人。不存在上述依法免除或者减轻事由的，饲养的动物造成他人损害的，动物饲养人或者管理人应当承担全部侵权责任。

【案例2-6】动物饲养人或管理人对其饲养的动物造成他人损害的责任承担（一）。

● 案情介绍　梅某在经过被告徐某家门口时，受被告拴在家门口水泥电线杆处的小狗惊吓，在路面不平的乱石路上跌倒受伤。原告受伤后自行起身离开受伤的位置。当天下午5时许，梅某前往医院住院治疗，医院诊断其为急重型颅脑损伤、手外伤等。30天后梅某出院，出院小结上记载"患者缘于行走时不慎摔伤头部及双手，当即有短暂性的意识不清，数分钟后清醒……"，共花费6万余元的医疗费。

法院经审理认为，原告在正常步行过程中受被告饲养小狗的惊吓致倒地受伤，小狗的饲养人依法应当对原告的人身损害承担民事责任。但在此过程中，造成原告损害的结果与其自身存在一定的原因力。原告年龄较大，损害结果的轻重与其年龄有直接关系；原告选择的路线系从街中的石头空挡处穿过，导致原告受到惊吓时站立不稳而跌倒受伤。小狗的惊吓系外力，原告身体素质及行为方式系内力，共同作用导致原告人身损伤的后果，并结合医院出院病历"患者缘于行走时不慎摔伤头部及双手"（系原告的自认），综合以上因素考虑，法院对小狗的饲养人致原告的损害所承担的民事责任按照30%划分，原告自身承担70%的责任，判决徐某给付原告梅某人身损害赔偿款共计2万余元，其他费用由梅某自行承担。

【案例2-7】动物饲养人或管理人对其饲养的动物造成他人损害的责任承担（二）。

● **案情介绍** 河南省汝南县人民法院审结一起因狗咬伤人引起的人身损害赔偿案件，法院判决驳回原告刘某的诉讼请求。

2007年9月10日中午，刘某带十岁的儿子出去玩，走到同村村民王某家门口时，看见王家喂养的大黄狗正在王某的门楼下卧着，刘某拾起一块砖朝狗扔去，大黄狗被激怒，向刘某父子冲去，刘某闪身躲开，但其子没能躲开，被狗咬伤腿部。刘某的儿子被送进医院治疗，花医疗费千余元。刘某让王某赔偿医疗费，王某予以拒绝。刘某以刘某为原告，自己作为儿子的法定代理人向法院提起诉讼，要求王某赔偿医疗费、误工费等。

法院经审理认为，这是一起因饲养动物造成他人的人身损害事件，由于刘某的挑逗，狗将刘某咬伤，动物饲养人不应承担民事责任。

34 因第三人的过错致使动物造成被侵权人损害的,被侵权人可以向谁要求赔偿?

《民法典》第一千二百五十条规定,因第三人的过错致使动物造成他人损害的,被侵权人可以向动物饲养人或者管理人请求赔偿,也可以向第三人请求赔偿。动物饲养人或者管理人赔偿后,有权向第三人追偿。

根据上述规定,因第三人的过错致使动物造成被侵权人损害的,被侵权人既可以请求第三人承担赔偿责任,又可以请求动物饲养人或者管理人承担赔偿责任。比如,甲有一只狗,拴在自家的院内,乙路过此院看到狗,便拿小石子扔狗,狗被击中冲出门,把正在路过的丙撞伤。这时被撞伤的丙既可以要求动物饲养人甲赔偿,又可以要求第三人乙赔偿。如果乙是个流浪汉,显然,被侵权人会选择经济实力强的动物饲养人甲进行赔偿。这样看起来,甲比较"冤枉",要为第三人的过失承担责任。实际上,法律赋予被侵权人的选择权,一方面可使被侵权人获得法律救济、得到实际赔偿的可能性增大,尤其是在第三人无法找到,或者第三人本身没有偿付能力的情况下;另一方面,也会迫使动物饲养人对动物的管理更加紧注意义务,从而减少动物伤人的机会。

动物饲养人或者管理人对被侵权人赔偿后,有权向第三人追偿。司法实践中,经常出现损害是由第三人造成的,但第三人是谁一时难以查明,这时,先由饲养人或者管理人承担起责任。如果第三人找到了,动物饲养人或者管理人还可以追偿;如果第三人找不到,只能由饲养人或者管理人承担全部责任。

第二章　特殊侵权责任

【案例 2-8】 因第三人的过错致使动物造成被侵权人损害的责任承担。

◆ **案情介绍**　吕某与张某是邻居，春节时张某 10 岁的儿子浩浩为取乐，将一挂鞭炮拴在吕家饲养的大黄狗尾巴上并点燃，黄狗受到惊吓在院内乱窜，将正在院子里玩耍的四岁幼儿明明扑倒，结果孩子的头部磕到砖头受伤，经住院治疗，花去医疗费 5000 余元。为了赔偿事宜，吕某、张某和明明的家长杨某三方争执不下，最后杨某以吕某为被告、浩浩的法定监护人张某为第三人告上法庭，要求双方共同承担赔偿责任。法院经审理认为，黄狗的管理人吕某、幼儿明明都没有过错，过错在于第三人张某未尽到监护义务。因此，法院判决原告的医疗费由浩浩的监护人承担。

35 动物饲养人或管理人违反规定所饲养的动物造成他人损害的，是否承担侵权责任?

《民法典》第一千二百四十六条、一千二百四十七条规定，违反管理规定，未对动物采取安全措施造成他人损害的，动物饲养人或者管理人应当承担侵权责任；但是，能够证明损害是因被侵权人故意造成的，可以减轻责任。禁止饲养的烈性犬等危险动物造成他人损害的，动物饲养人或者管理人应当承担侵权责任。

动物饲养人或者管理人不仅要对动物本身负责，还要对社会负责，履行相关法律规定的义务。目前，全国已有多个省市颁布了养犬管理的地方性法规和规章。这些法规规章不仅对养犬收费、携犬乘梯、养犬遛犬范围、管理处罚等问题作了规定，最主要的是对饲养人的行为进行了规范。比如,饲养人不得携犬进入市场、商店、饭店、游乐场等公共场所;不得携犬乘坐除小型出租汽车以外的公共交通工具;养犬需要到公安机关办理养犬登记等。

【案例 2-9】动物饲养人或管理人违反规定所饲养的动物造成他人损害的责任承担(三)。

▶ **案情介绍** 王某在自家屋后的菜地上锄草,邻居邓某家养的藏獒突然从其身后冲出并将其扑倒,且开始疯狂撕咬。数分钟后,王某的左臀部多处被咬伤、撕烂,事后辗转两家医院进行治疗,并住院16天。期间,邓某支付了王某的部分医疗费,双方因赔偿问题多次协商未果,王某遂向法院提起诉讼。王某认为:藏獒系邻居邓某所有,其被咬系对方未尽妥善管理职责所致,且在其呼救期间,无人出来制止,直至藏獒自行放弃攻击,故要求其承担赔偿责任。但被告认为,自己虽饲养藏獒,但不是自己的狗咬伤王某的,当时他养的狗在后院被捆绑住了,而且原告住院的原因不是因为被狗咬伤导致的。

法院经审理认为,邓某违反相关规定,擅自饲养禁止饲养的烈性犬藏獒,且未对所饲养的藏獒采取安全措施,造成了王某的损害,邓某的行为与王某的损害结果之间具有因果关系,且对损害存有过错,故应承担王某损失的全部赔偿责任。

36 动物园的动物造成他人损害的,什么情况下动物园不承担责任?

《民法典》第一千二百四十八条规定,动物园的动物造成他人损害的，动物园应当承担侵权责任；但是，能够证明尽到管理职责的，不承担侵权责任。

根据上述规定，动物园动物致人损害侵权责任属于过错推定责任，即动物园的动物造成他人损害的，首先推定动物园具有过错；动物园主张自己无过错的，则必须证明其已尽到必要的管理职责，如针对危险动物向游客做出必要的警示提示与说明，对园内兽舍设施、设备要定期进行必要的管理维护，管理人员对游客挑逗、投打动物或者擅自翻越栏杆靠近动物等行为要及时劝阻。需要注意的是，动物园的举措应当是完整全方位的，仅提醒游客"禁止翻越栏杆，后果自负"等提示说明，而未采取相关措施的，不认为是"尽到管理职责"。

如果被侵权人有过失，可以在一定程度上减轻动物园的民事责任。但动物园作为专业性的动物管理机构，其应该尽到的管理职责较一般民众要高。动物园要承担更严格的管理职责，加强防止动物伤人的防护措施，更应该在损害发生时有及时的救济措施，譬如有紧急联系电话或紧急医疗措施，以防止损害进一步扩大。而家长带领未成年人游玩的同时更要承担起监护职责，避免损害的发生，防患于未然。

【案例2-10】动物园的动物造成他人损害的责任承担。

◎ 案情介绍 原告谢某（5岁）与其父母至被告S动物园游玩，当日15时许，原告及其家人行至灵长类动物展区时，原告穿过笼舍外设置的防护栏，给猴子喂食食物时，右手中指被猴子咬伤。事发时，上海动物园无工作人员在场，原告父亲向动物园相关部门投诉后，因情况紧急，自行带原告至上海市儿童医院医治并报警。

法律就动物园无过错责任做出了明确规定，同时规定，如受害人或监护人确有过错，动物园可以减轻或者不承担责任。动物园作为饲养管理动物的专业机构，依法负有注意和管理义务，其安全设施应充分考虑到未成年人的特殊安全需要，最大限度杜绝危害后果发生。游客亦应当文明游园，监护人要尽到监护责任，否则亦要依法承担相应的责任。

据此，法院最终判定，谢某的法定代理人对谢某的受伤承担60%的责任，上海动物园承担40%的责任。

37 遗弃逃逸的动物在遗弃逃逸期间造成他人损害的，被侵权人应要求何人承担侵权责任？

《民法典》第一千二百四十九条规定，遗弃、逃逸的动物在遗弃、逃逸期间造成他人损害的，由动物原饲养人或者管理人承担侵权责任。

随着饲养动物的人越来越多，一些饲养的动物或者被抛弃，或者不慎走失，城市里流浪猫、狗等动物不断增多，流浪动物不但成为城市管理的难题，而且对城市居民生活、健康产生了严重危害。动物的遗弃是指动物饲养人抛弃了动物。逃逸的动物是指饲养人暂时地丧失了对该动物的占有和控制。无论动物饲养人或者管理人是遗弃动物，还是未尽到管理责任致使动物逃逸，其行为都加剧了动物对人和社会的危险性，而损害的事实正是由于动物在失去人为的管理和控制下任意流动的危险性所导致。因此，为了社会公众利益，为了充分保护被侵权人利益，遗弃、逃逸动物的原饲养人或者管理人应当对自己遗弃动物的行为，以及疏于管理没有尽到管理义务的行为承担责任。

【案例 2-11】遗弃逃逸的动物在遗弃逃逸期间造成他人损害的责任承担。

> **案情介绍** 徐某饲养了一条狗，由于该狗天性好动，不服从指挥，经常给徐某惹麻烦，于是徐某在一次遛狗的途中将该狗遗弃。但几天过去了，张某却牵着狗找上了徐某，原来该狗在被遗弃后将张某咬伤，张某特来向徐某索赔，但徐某表示该狗被遗弃后咬人与自己无关。依据《民法典》的规定，遗弃、逃逸的动物在遗弃、逃逸期间造成他人损害的，由原动物饲养人或者管理人承担侵权责任。遗弃、逃逸的动物由于缺乏管理，加剧了对人和社会的危险性，为了社会公众利益，充分保护被侵权人利益，遗弃、逃逸动物的原饲养人或者管理人应当对自己遗弃动物的行为，以及疏于管理没有尽到管理义务的行为承担责任。

本案中，徐某应当赔偿张某的损失，不能以已经遗弃该狗的借口来推诿。

第三节　环境污染责任

38 因污染环境发生纠纷，污染者应当承担哪些举证责任？

《民法典》第一千二百二十九条规定，因污染环境、破坏生态造成他人损害的，侵权人应当承担侵权责任。根据上述规定，环境污染责任属于无过错责任，无论环境污染者是否具有主观过错，只要其污染行为与损害后果之间具有因果关系，除存在依法免责事由外应当承担侵权责任。

【案例2-12】环境污染侵权的举证责任（一）。

▶ **案情介绍**　中国S基金会（以下简称S基金会）分别诉中卫市M水务有限公司、宁夏L精细化工有限公司、宁夏H化工有限公司、宁夏D药业有限公司、宁夏中卫市D化工科技有限公司、宁夏R科技股份有限公司、宁夏M染化有限公司、中卫市X化工有限公司八家企业腾格里沙漠污染案。S基金会只需要证明八家企业排放了污染物，该污染物的确造成了腾格里沙漠的污染，而八家企业就要对自身不承担责任或者减轻责任的情形及其排污行为与沙漠污染损害之间不存在因果关系承担举证责任，否则将承担举证不能的后果。

但是"举证责任倒置"原则的适用，并不可以免除受害方举证责

第二章 特殊侵权责任

任。根据《最高人民法院关于审理环境侵权责任纠纷案件适用法律若干问题的解释》第六条规定：被侵权人根据侵权责任法第六十五条规定请求赔偿的，应当提供证明以下事实的证据材料：(1)污染者排放了污染物；(2)被侵权人的损害；(3)污染者排放的污染物或者其次生污染物与损害之间具有关联性。

污染环境导致人身损害的侵权行为的构成要件如下：(1)有污染环境的行为。比如侵权行为人基于生产、经营活动的需要，向自然环境排放废水、废气、废渣、粉尘、垃圾、放射性物质等有害物质并造成环境被污染的后果。(2)须有污染损害事实。污染环境造成的损害包括人身损害和财产损害。其中，人身损害是指因人的生命权、身体权、健康权被侵害造成的致伤、致残或死亡。(3)污染环境行为与损害事实之间存在因果关系。环境污染致人损害并不是由污染物直接作用于人身或财产造成的，而往往要通过一系列中间环节的作用。因此，污染环境的行为与损害事实之间的因果关系证明相当困难。正是因为其困难度与复杂性，使其在实务中显得尤为重要，在司法诉讼中，受害人只要证明污染环境的行为以及损害事实的存在，就应当推定因果关系的成立；此时，由侵权行为人承担证明污染环境的行为与损害事实之间不存在因果关系的举证责任。

【案例2-13】环境污染侵权的举证责任（二）。

▶ **案情介绍** 李某兰是开封市某中学的退休教师，1974年在该校任教，其间其子吴某卫、女吴某莉随李某兰一起居住在开封市某中学的宿舍。宿舍距离某中校办工厂污染较重的电镀车间仅5米。李某兰说，1978年4月，某中校办工厂又新建了一个半环形电镀车间，离其住房东边仅一砖之隔，北边一米之远。车间西墙窗户离李某兰住房窗户仅几十厘米。1980年，某中学又在李某兰住房门口处增加毒性更大，对空气污染更严重的油漆、喷漆等有毒工种。李某兰住房被多种有害化学染料严重污染，有毒气体从住房的窗户和门进入房内，车间含毒液体也不时浸渗到住房。车间附近枝叶繁茂的树被毒气熏死。

自被污染后，李某兰全家开始出现慢性中毒症状，经常出现头晕、脸肿、吐血、烦躁不安等症状。李某兰、吴某卫、吴某莉情况更为严重，特别是吴某卫和吴某莉，因长期受污染，不仅皮炎、咽炎久治不愈，而且先后患上了精神分裂症、强迫症等，造成终身残疾。

1999年5月18日，李某兰及其子女一纸诉状将开封市某中学告上法庭，要求某中学赔偿损失和伤残慰抚金1839393元。出乎李某兰及子女的意料，2001年10月，开封市中级人民法院以李某兰、吴某卫、吴某莉临床诊断为精神分裂症，与开封市某中学校办工厂释放污染物无直接因果关系为由，驳回了李某兰等的诉讼请求。

李某兰及子女2002年1月9日向河南省高级人民法院提起上诉。河南省高级人民法院经过近一年的审理作出终审判决。判决认为，虽然空气污染和精神分裂症的损害后果之间的因果关系的程度无法确定，但尚不能排除二者之间的因果关系。开封市某中学在判决生效后10天内补偿李某兰、吴某卫、吴某莉损失15万元。

39 因第三人的过错污染环境造成损害的，被侵权人能否向污染者请求赔偿？

《民法典》第一千二百三十三条规定，因第三人的过错污染环境、破坏生态的，被侵权人可以向侵权人请求赔偿，也可以向第三人请求赔偿。侵权人赔偿后，有权向第三人追偿。

第三人的过错，是指除污染者与被侵权人之外的第三人，对被侵权人损害的发生具有过错，此种过错包括故意和过失。这种情况需具备以下几个条件：首先，第三人是指被侵权人和污染者之外的第三人，即第三人不属于被侵权人和污染者一方，第三人与受害者和污染者之间不存在法律上的隶属关系，如雇佣关系等。其次，第三人和污染者之间不存在意思联络。如果第三人与污染者有意思联络，则第三人与污染者构成共同侵权。

第四节　机动车交通事故责任

40　医疗机构对交通事故中的受伤人员的抢救费用，应当如何支付？

《中华人民共和国道路交通安全法》（以下简称《道路交通安全法》）第七十五条规定，医疗机构对交通事故中的受伤人员应当及时抢救，不得因抢救费用未及时支付而拖延救治。肇事车辆参加机动车第三者责任强制保险的，由保险公司在责任限额范围内支付抢救费用；抢救费用超过责任限额的，未参加机动车第三者责任强制保险或者肇事后逃逸的，由道路交通事故社会救助基金先垫付部分或全部抢救费用，道路交通事故社会救助基金管理机构有权向交通事故责任人追偿。

在过去，由于交通事故受伤人员的救助机制不健全，医院因抢救事故受伤人员而发生的医疗费用往往得不到落实，从而使医院在抢救伤员后蒙受经济上的损失。也正是因为有这类事情的发生，有的医院担心抢救伤员后抢救费得不到落实而推诿或者拖延抢救事故受伤人员，并因此造成受伤人员伤情恶化甚至死亡。为了避免此类情况的发生，《道路交通安全法》通过建立机动车第三者责任保险制度、道路交通社会救助基金制度以及建立新的道路交通事故损害赔偿责任的归责原则等方式，完善并加强了对道路交通事故受害人的保障机制。在保障受害人能够得到赔偿保障的基础上，将医疗机构对受伤人员的救助义务规定为一项法定义务。根据这项法定义务，一切医疗机构都有义务无条件抢救道路交通事故受伤人员，不得因抢救费用未及时支付而拖延救治。如果医疗机构违反这项法定义务给受害人造成损失，受害人可以依法提起民事诉讼，要求医疗机构就所受损失进行赔偿。

【案例2-14】交通事故受伤人员的抢救费用应由谁支付？

▶ **案情介绍** 2005年1月29日，某地村民徐某驾驶大货车由西向东行驶，在某镇卫生院门口超越停靠在路边的公交车时，将横过公路的丁某撞倒。徐某一面报警，一面赶快将其送往医院抢救，经医院诊断，丁某左腿和左臂粉碎性骨折，需预交医疗费1万元，徐某无力支付这笔费用，交警部门给徐某大货车承保机构——平安保险公司该地分公司打电话，要其迅速将医疗费交给医院，以便用于对丁某的治疗，保险公司经核实后将这笔款项交到医院。县公安交通巡逻警察大队民警对现场进行勘察后，又对肇事司机徐某血液中的乙醇含量进行了抽检，发现其为酒后驾车。

正常情况下，根据《道路交通安全法》第七十五条的规定，医疗机构对交通事故中的受伤人员应当及时抢救，不得因抢救费用未及时支付而拖延救治。肇事车辆参加机动车第三者责任强制保险的，由保险公司在责任限额范围内支付抢救费用。

本案中还存在特殊情形，即侵权人徐某系酒后驾驶，根据《机动车交通事故责任强制保险条例》第二十二条，驾驶人醉酒的，不属于保险公司承保的范围，保险公司在垫付这笔费用后，有权向责任者追偿。

41 机动车之间发生交通事故的，交通事故责任如何承担？

根据《道路交通安全法》第七十六条第一款第一项规定，机动车发生交通事故造成人身伤亡、财产损失的，由保险公司在机动车第三者责任强制保险责任限额范围内予以赔偿。机动车之间发生交通事故的，由有过错的一方承担赔偿责任；双方都有过错的，按照各自过错的比例分担责任。

我国实行机动车第三者责任强制保险制度，对于机动车发生交通事故造成人身伤亡、财产损失的，保险公司应当予以赔偿。但是保险公司的赔偿责任是有限的，保险公司只在机动车第三者责任强制保险责任限额范围内予以赔偿，超出部分则应按照本法规定的其他方式承担民事责任。机动车第三者责任强制保险责任限额，是由投保人和保险人在保险合同中协商确定的。一般来说保险公司会设定几个限额档次，由投保人自愿选择。如《中国人民保险公司机动车辆第三者责任保险条款》就规定，每次事故的责任限额，由投保人和保险人在签订保险合同时按不同档次协商确定。

机动车之间发生交通事故的，实行过错责任原则，即交通事故是由一方的过错引起的，由有过错的一方承担责任；双方都有过错的，按照各自过错的比例分担责任。这是因为不同机动车之间虽然具体的结构、性能可能不尽相同，但是同属高速运输工具，具有相同的法律地位，在民事责任问题上自然应按照过错的比例承担。但需要注意的是，交通事故中交警部门作出的《交通事故责任认定书》只是对事故因果关系的分析，对交通事故原因的确认，不是简单等同于民事责任的分担。

42 机动车与非机动车驾驶人行人之间发生交通事故的，交通事故责任如何承担？

根据《道路交通安全法》第七十六条第一款第（二）项规定，机动车发生交通事故造成人身伤亡、财产损失的，由保险公司在机动车第三者责任强制保险责任限额范围内予以赔偿。机动车与非机动车驾驶人、行人之间发生交通事故，机动车驾驶人、行人没有过错的，由机动车一方承担赔偿责任；有证据证明非机动车驾驶人、行人有过错的，根据过错程度适当减轻机动车一方的赔偿责任；机动车一方没有过错的，承担不超过10%的赔偿责任。

机动车与非机动车驾驶人、行人之间发生交通事故实行无过错责任原则，即一般情况下由机动车一方承担责任。只有在特定条件下，机动车一方才可以减轻或免除责任。

机动车作为高速运输工具，对行人、非机动车驾驶人的生命财产安全具有一定的危险性，发生交通事故时，实行无过错责任原则，即机动车与非机动车、行人发生交通事故，由机动车一方承担民事责任；如果能够证明损害是由受害人故意造成的，不承担民事责任。

同时，考虑到随着道路交通的发展、交通规则的健全以及公民法律意识的提高，机动车一方能够证明非机动车驾驶人、行人违反道路交通安全法律、法规，本人已经采取必要处置措施的，减轻机动车一方的责任。这有利于提高非机动车驾驶人、行人注意遵守交通规则的意识，有利于道路交通安全情况的改善。如果交通事故的损失是由非机动车驾驶人、行人故意造成的，机动车一方不承担责任。需要注意的是，这里的"故意"是指引发交通事故的故意，而不是违反道路交通安全法律、法规的故意，即非机动车驾驶人、行人违反道路交通安全法律、法规并不构成机动车驾驶人免责的事由；只有在非机动车驾驶人、行人明知某种行为会引发交通事故并造成损失而作出这种行为，并因而导致交通事故并造成损失时，机动车驾驶人才可以免责。

【案例 2-15】机动车与非机动车驾驶人、行人之间发生交通事故的责任承担。

▶ 案情介绍　2017 年 6 月 30 日，被告贺某驾驶无牌"永久"字样自行车与原告文某驾驶的小型轿车发生碰撞，造成自行车驾驶人被告贺某受伤。事后，交警队认定原告文某承担本次事故同等责任，被告贺某承担本次事故同等责任。事发后，被告贺某被送往医院住院治疗，原告文某的小型轿车也被拖运到修理厂维修，产生维修材料费 52768 元及维修工时费 9200 元。

原告认为，上述损失应该由原被告各承担50%的赔偿责任。被告贺某认为，此次事故自己也是受害者，原告的车辆损失以及其他损失都不是被告的责任。

法院经审理认为，根据《道路交通安全法》第七十六条的规定，机动车之间发生交通事故，归责原则为过错责任；机动车与非机动车、行人之间发生交通事故，归责原则为无过错责任。本案交通事故系由文某驾驶小轿车与自行车驾驶人贺某发生碰撞而发生，宜认定加害一方即侵权人为车辆一方。在机动车交通事故中，机动车一方与非机动车一方承担同等事故责任（或者主次责任）情况下，机动车一方损失能不能向非机动车一方主张赔偿？对于上述问题，现行法律并无明确规定，但是通过对侵权方的认定、特殊侵权中风险控制理论、利益分担原则等进行分析以及对《道路交通安全法》第七十六条的解读，机动车交通事故纠纷中机动车一方的损失是不应该由非机动车或行人一方赔偿的。因此，法院最终驳回原告文某的全部诉讼请求。

43 机动车租赁人或借用人发生交通事故的，机动车所有人承担事故责任吗？

《民法典》第一千二百零九条规定，因租赁、借用等情形机动车所有人、管理人与使用人不是同一人时，发生交通事故造成损害，属于该机动车一方责任的，由机动车使用人承担赔偿责任；机动车所有人、管理人对损害的发生有过错的，承担相应的赔偿责任。

根据上述规定，机动车所有人（车主）只有在对损害的发生有过错的情况下才承担相应的责任，但是该条规定并没有明确该责任是连带责任还是补充赔偿责任。

《最高人民法院关于审理道路交通事故损害赔偿案件适用法律若干问题的解释》明确了机动车所有人过错的情形,该解释第一条规定,机动车发生交通事故造成损害,机动车所有人或者管理人有下列情形之一,人民法院应当认定其对损害的发生有过错,并适用民法典第一千二百零九条的规定确定其相应的赔偿责任:(一)知道或者应当知道机动车存在缺陷,且该缺陷是交通事故发生原因之一的;(二)知道或者应当知道驾驶人无驾驶资格或者未取得相应驾驶资格的;(三)知道或者应当知道驾驶人因饮酒、服用国家管制的精神药品或者麻醉药品,或者患有妨碍安全驾驶机动车的疾病等依法不能驾驶机动车的;(四)其他应当认定机动车所有人或者管理人有过错的。

根据上述规定,可以简单总结如下:(1)机动车有缺陷且该缺陷是事故发生原因之一的;(2)明知借用人无证驾驶的;(3)饮酒、吸毒、其他身体残疾依法不能驾车的。在交通事故中存在这几种情形可以认定为车辆所有人、管理人存在过错,需要承担相应的赔偿责任。

【案例2-16】借用车辆发生事故的责任承担。

● 案情介绍 行人李某被黄某所驾驶的摩托车撞至伤残,黄某逃逸,摩托车登记车主为杨某。交警认定黄某负全责。该摩托车未购买交强险。李某诉至法院请求赔偿,至开庭之日黄某仍未现身。

法院经审理认为,车主杨某未严格审查车辆借用人,放任他人使用,其行为明显具有疏于管理职责与谨慎注意义务的过错,该过错行为与实际发生的损害后果之间形成因果关系,赔偿责任依法由李某承担。李某承担责任后可向侵权人黄某追偿。

44 已出售但未办理所有权转移登记的机动车，发生交通事故的，出售人承担责任吗？

《民法典》第一千二百一十条规定，当事人之间已经以买卖或者其他方式转让并交付机动车但是未办理登记，发生交通事故造成损害，属于该机动车一方责任的，由受让人承担赔偿责任。

【案例2-17】：出卖未办理登记车辆事故的责任承担。

> **案情介绍** 樊某是一名司机，从胡某手上买了辆大货车准备跑运输，两人签订了买卖合同，樊某支付了车款，胡某也把钥匙交给了樊某，两人约定次日去办理过户手续。但当天就在樊某把车开回家的路上，发生了车祸，将霍某撞伤。霍某向樊某和胡某提出索赔，但胡某认为车已经卖给了樊某，责任与自己无关，不同意赔偿。

法院经审理认为，当事人之间已经以买卖等方式转让并交付机动车，但未办理所有权转移登记，发生交通事故后属于该机动车一方责任的，由保险公司在机动车强制保险责任限额范围内予以赔偿。不足部分，由受让人承担赔偿责任。这是法律关于已经买卖并交付机动车，但未办理所有权转移登记，由谁承担赔偿责任的规定。本案中，虽然樊某和胡某没有办理过户手续，但已完成交付，所有权已发生转移，发生事故的，应先由保险公司赔偿，不足部分由樊某赔偿，与胡某无关。

45 多次转让机动车，未办理过户的，事故赔偿责任由谁承担？

《最高人民法院关于审理道路交通事故损害赔偿案件适用法律若干问题的解释》第二条规定，被多次转让但是未办理登记的机动车发生交通事故造成损害，属于该机动车一方责任，当事人请求由最后一次转让并交付的受让人承担赔偿责任的，人民法院应予支持。

一般认为交通事故损害赔偿案件的责任主体，主要是根据机动车的运行支配权利和运行利益归属来确定，在车辆已经转让并交付的情况下，原来的所有人已经丧失了对事故机动车的实际控制，就转让后该车辆所发生的事故不存在过错。

【案例2-18】多次转让但未办理过户的机动车事故赔偿责任承担？

● 案情介绍　原告向法院起诉称，黄某光驾驶粤GXXXXX号小型普通客车从某市中山一路往河唇方向行驶，行驶至中山三路中国银行门口路段时，碰撞了行人李某，造成李某受伤经抢救无效死亡的交通事故。肇事后黄某光驾车逃逸。某市公安局交通警察大队作出《道路交通事故认定书》，认定被告黄某光承担事故全部责任，死者李某无责任。

根据《道路交通事故认定书》，被告曾某兴为肇事车辆行驶证登记所有人，被告李某芳为车辆支配人。因此，三被告应连带赔偿原告的损害。为此，原告特向法院提出起诉，请求判决三被告连带赔偿原告各项损失698597.8元。

法院审理认为，本案属机动车交通事故责任纠纷，某市公安局交警大队作出的交通事故责任书，认定黄某光承担事故全部责任，李某无责任，认定事实清楚，证据充分，程序合法，法院应予采纳。

关于三原告请求被告曾某兴对其损失承担连带赔偿责任的问题。《机动车交通事故认定书》确认被告曾某兴是粤GXXXXX号小型普通客车的登记所有人，李某芳是实际支配人。据此，法院判决黄某光向原告赔偿40余万元，李某芳向三原告赔偿20余万元。本案中，车辆由曾某兴卖给李某芳，但双方未办理车辆的所有权过户手续，李某芳是车辆实际的控制人，因此原告请求车辆的所有权人曾某兴承担赔偿责任未能得到法院支持。

46 已转让的拼装或应报废的机动车，发生交通事故的，受害人可要求谁赔偿？

《民法典》第一千二百一十四条规定，以买卖或者其他方式转让拼装或者已经达到报废标准的机动车，发生交通事故造成损害的，由转让人和受让人承担连带责任。

可见，以买卖、赠与等方式转让拼装或者已达到报废标准的机动车，发生交通事故致他人人身或财产损害的，受害人可以要求转让人或受让人承担全部损害赔偿责任，转让人或受让人承担全部损害赔偿责任后有权在另一方应承担的损害赔偿责任份额内向其追偿。

【案例2-19】已转让的拼装或应报废的机动车，发生事故，责任的承担问题。

◉ 案情介绍　被告张某驾驶无牌无证的车辆，带两名朋友去市郊玩，在行驶过程中方向盘发生故障，导致车辆失控翻下河沟，造成乘车人李某、侯某受伤，张某本人也在事故中受轻伤。事故发生后，交警对事故进行现场勘察，对车辆进行检验、检查，发现张某没有取得驾驶资格，属于无证驾驶，其驾驶的车辆无行车证，已属报废车辆。张某无证驾驶，发生紧急情况处置不当是本事故发生的主要原因，肇事车辆机械性能不符合标准是发生事故的次要原因。后经查，该车系秦某于同年2月卖与张某的。由于该车没有购买任何保险，因此，伤者李某、侯某将张某、秦某告上法庭，要求承担赔偿责任。

本案的主要争议焦点是秦某是否应承担责任，如需承担，则其承担什么样的法律责任。秦某在本案庭审时答辩称，其在卖车时已告知张某该车是报废车，而且当初也是以废铁的价格将车卖给张某的，因此，其已尽到了告知义务，张某仍购买并自己驾车发生事故，与自己无关。

根据民法典规定以及《最高人民法院关于审理道路交通事故损害赔偿案件适用法律若干问题的解释》第六条也规定：拼装车、已达到报废标准的机动车或者依法禁止行驶的其他机动车被多次转让，并发生交通事故造成损害，当事人请求由所有的转让人和受让人承担连带责任的，人民法院应予支持。因此，秦某作为该报废车的转让人，应当与张某承担连带赔偿责任。

关于报废机动车的处理，根据国务院《报废汽车回收管理办法》第十二条：报废汽车拥有单位或者个人应当及时将报废汽车交售给报废汽车回收企业。任何单位或者个人不得将报废汽车出售、赠予或者以其他方式转让给非报废汽车回收企业的单位或者个人；不得自行拆解报废汽车。因此，报废汽车应当及时交售报废汽车回收企业，而不能私下将报废车出售，以免出事故还要承担责任，得不偿失。

47 盗窃、抢劫或者抢夺的机动车发生交通事故应如何承担赔偿责任？

《民法典》第一千二百一十五条规定，盗窃、抢劫或者抢夺的机动车发生交通事故造成损害的，由盗窃人、抢劫人或者抢夺人承担赔偿责任。盗窃人、抢劫人或者抢夺人与机动车使用人不是同一人，发生交通事故造成损害，属于该机动车一方责任的，由盗窃人、抢劫人或者抢夺人与机动车使用人承担连带责任。

保险人在机动车强制保险责任限额范围内垫付抢救费用的，有权向交通事故责任人追偿。

【案例2-20】盗窃机动车发生交通事故的责任承担问题。

案情介绍 代某将其驾驶的出租车停放在药店门前，未熄火、未拔钥匙，被他人盗开后与行人郭某发生交通事故，造成郭某腹部、腿部等多处受伤，肇事车的盗窃人在发生交通事故后逃逸，尚未查获。该出租车车主为宁某，出租车挂靠路通公司，车主宁某将出租车租赁给代某使用，车主宁某在保险公司为肇事车投保了第三者强制责任险，发生交通事故时车辆在有效保险期间内。

郭某以代某、车主宁某、肇事车的挂靠公司路通公司、肇事车投保交强险的保险公司为被告向巴林右旗人民法院提起诉讼，要求代某等四被告赔偿治疗费、护理费、住院伙食补助费、营养费、伤残赔偿金、精神损害赔偿金等共计98694.54元。

法院经审理认为，代某作为一名出租车司机，下车熄火、拔钥匙是基本常识。但是代某将其驾驶的出租车停放在药店门前，未熄火、未拔钥匙，进店买药，导致车辆被盗，从而发生了交通事故，代某没有尽到一个司机应有的注意义务，存在管理瑕疵，故应承担赔偿责任。一审判决被告代某赔偿原告各项损计合计人民币 32909.58 元。被告宁某、路通公司、保险公司不承担赔偿责任。

机动车属高度危险物，其所有人或使用人具有更加严格的管理义务，未尽到妥善保管车辆义务而发生失窃，车子被盗开致发生交通事故，这种管理上的过失与机动车事故间有因果关系，所以，车辆的管理者应当承担其过错赔偿责任。

《道路交通安全法》第七十六条：机动车发生交通事故造成人身伤亡、财产损失的，由保险公司在机动车第三者责任强制保险责任限额范围内予以赔偿。可以看出，交强险是一种"对车不对人"的保险，只要是机动车发生了事故，不管驾驶人是不是该车辆的所有人，保险公司都应当在交强险限额范围内承担赔偿责任，是一种无过错责任，不考虑机动车方是否有过错，不管机动车驾驶人是否有责任，保险公司都应当承担交强险赔偿责任。

48 机动车驾驶人发生交通事故后逃逸，赔偿主体如何确定？

《民法典》第一千二百一十六条规定，机动车驾驶人发生交通事故后逃逸，该机动车参加强制保险的，由保险人在机动车强制保险责任限额范围内予以赔偿；机动车不明、该机动车未参加强制保险或者抢救费用超过机动车强制保险责任限额，需要支付被侵权人人身伤亡的抢救、丧葬等费用的，由道路交通事故社会救助基金垫付。道路交通事故社会救助基金垫付后，其管理机构有权向交通事故责任人追偿。

《机动车交通事故责任强制保险条例》第二十二条规定，以下三种情形造成的道路交通事故，由保险公司在交强险责任限额内承担垫付责任，并有权向致害人追偿：（一）驾驶人未取得驾驶资格或者醉酒的；（二）被保险机动车被盗抢期间肇事的；（三）被保险人故意制造道路交通事故的。根据上述规定，机动车驾驶人肇事逃逸的，交强险公司赔偿后的情形未包括在上述条款范围内，不应适用该规定予以处理，所以在致害人逃逸的情况下，交强险公司赔偿后无权向致害人追偿。

【案例 2-21】机动车驾驶人发生交通事故后逃逸的责任承担问题。

▶ **案情介绍** 2013 年 7 月 4 日，天平保险苏州公司向苏州市吴江区人民法院提起诉讼，请求判令王某偿还天平保险公司垫付的赔偿款 76700 元。王某为其所有的苏 EXXXXX 小型轿车在天平保险苏州公司处投保了交强险，保险期间自 2011 年 9 月 21 日零时起至 2012 年 9 月 20 日二十四时止。2012 年 4 月 28 日 16 时 25 分左右，王某驾驶苏 EXXXXX 小型轿车在苏州市吴江区松陵镇笠泽路、吴模路路口与张某驾驶的号牌为 AXXXXXX 电动自行车发生碰撞，造成张某受伤、车辆损坏的交通事故。根据交警大队出具交通事故责任认定书，王某负该起事故的全部责任，张某无责任。同时，交通事故责任认定书中还对事故经过作了以下描述："事故发生后，王某驾车离开现场。次日下午王某到公安机关投案。"2012 年 6 月 5 日，苏州市吴江区公安局交警巡逻警察大队向王某作出行政处罚决定书一份，对王某造成交通事故后逃逸，尚不构成犯罪的违法行为，决定给予其罚款 1000 元的处罚。2012 年 12 月 21 日，张某向苏州市吴江区人民法院提起诉讼，要求王某、天平保险苏州公司赔偿其因交通事故造成的各项损失。该院作出的（2013）吴江开民初字第0007号民事判决，判令天平保险苏州公司在交强险范围内赔偿张某医疗费等各项损失共计76700元。后天平保险苏州公司向张某履行了该赔付义务。

本次交通事故发生后，驾驶员王某逃离事故现场，并且因交通肇事逃逸而受到了行政处罚，因此，认定王某具有交通肇事后逃逸的事实明确，证据充分。本案中，对于"道路交通事故责任人存在交通肇事后逃逸的，保险公司承担赔偿责任后，能否向交通事故责任人追偿"的问题，存在较大的观点分歧。苏州市吴江区人民法院一审判决：天平保险苏州公司有权就其垫付的款项向王某进行追偿，支持了保险公司的诉讼请求。江苏省苏州市中级人民法院二审判决：天平保险苏州公司向交通事故受害人履行赔偿义务后，有权向保险事故的致害人王某进行追偿，故维持原判。江苏省高级人民法院再审判决：保险公司向受害人支付费用属于履行保险合同义务，故保险公司不应享有救助基金管理机构的追偿权，故判决驳回保险公司的诉讼请求。

49 交通事故造成人身伤亡后逃逸的，驾驶人会受到什么惩罚？

《道路交通安全法》第九十九条规定，有下列行为之一的，由公安机关交通管理部门处二百元以上二千元以下罚款：（三）造成交通事故后逃逸，尚不构成犯罪的。行为人有前款第二项、第四项情形之一的，可以并处吊销机动车驾驶证；有第一项、第三项、第五项至第八项情形之一的，可以并处十五日以下拘留。《中华人民共和国道路交通安全法实施条例》（以下简称《道路交通安全法实施条例》）第九十二条规定,发生交通事故后当事人逃逸的,逃逸的当事人承担全部责任。但是,有证据证明对方当事人也有过错的,可以减轻责任。

根据《中华人民共和国刑法》(以下简称《刑法》)第一百三十三条规定,违反交通运输管理法规,因而发生重大事故,致人重伤、死亡或者使公私财产遭受重大损失的,处三年以下有期徒刑;交通运输肇事后逃逸或者有其他特别恶劣情节的,处三年以上七年以下有期徒刑;因逃逸致人死亡,处七年以上有期徒刑。

根据《最高人民法院关于审理交通肇事刑事案件具体应用法律若干问题的解释》的规定:交通肇事具有下列情形之一的,处三年以下有期徒刑或者拘役:(一)死亡一人或者重伤三人以上,负事故全部或者主要责任的;(二)死亡三人以上,负事故同等责任的;(三)造成公共财产或者他人财产直接损失,负事故全部或者主要责任,无能力赔偿数额在三十万元以上的。交通肇事致一人以上重伤,负事故全部或者主要责任,并具有下列情形之一的,以交通肇事罪定罪处罚:(一)酒后、吸食毒品后驾驶机动车辆的;(二)无驾驶资格驾驶机动车辆的;(三)明知是安全装置不全或者安全机件失灵的机动车辆而驾驶的;(四)明知是无牌证或者已报废的机动车辆而驾驶的;(五)严重超载驾驶的;(六)为逃避法律追究逃离事故现场的。交通肇事具有下列情形之一的,属于"有其他特别恶劣情节",处三年以上七年以下有期徒刑:(一)死亡二人以上或者重伤五人以上,负事故全部或者主要责任的;(二)死亡六人以上,负事故同等责任的;(三)造成公共财产或者他人财产直接损失,负事故全部或者主要责任,无能力赔偿数额在六十万元以上的。

50 被保险机动车发生道路交通事故时,保险公司在什么范围内予以赔偿?

根据《机动车交通事故责任强制保险条例》第二十一条、二十三条规定,被保险机动车发生道路交通事故造成本车人员、被保险人以外的受害人人身伤亡、财产损失的,由保险公司依法在机动车交通事故责任强制保险责任限额范围内予以赔偿。道路交通事故的损失是由受害人故意造成的,保险公司不予赔偿。机动车交通事故责任强制保险在全国范围内实行统一的责任限额。责任限额分为死亡伤残赔偿限额,医疗费用赔偿限额,财产损失赔偿限额以及被保险人在道路交通事故中无责任的赔偿限额。

死亡伤残赔偿限额项下负责赔偿丧葬费、死亡补偿费、受害人亲属办理丧葬事宜支出的交通费用、残疾赔偿金、残疾辅助器具费、护理费、康复费、交通费、被扶养人生活费、住宿费、误工费、被保险人依照法院判决或者调解承担的精神损害抚慰金。

精神抚慰金根据请求权人的诉请,优先在交强险中支付,保险公司主张精神抚慰金不赔偿的,一般不会得到法院支持。

最高人民法院关于交强险中精神损害抚慰金赔偿问题的复函(2008)民一他字第25号复函:《机动车交通事故责任强制保险条例》第3条规定的"人身伤亡"所造成的损害包括财产损害和精神损害。精神损害赔偿与物质损害赔偿在强制责任保险限额中的赔偿次序,请求权人有权进行选择。请求权人选择优先赔偿精神损害,对物质损害赔偿不足部分由商业第三者责任险赔偿。

医疗费用赔偿限额项下负责赔偿医药费,诊疗费,住院费,住院伙食补助费,必要的、合理的后续治疗费、整容费、营养费。

51 在哪些情形下，保险公司垫付的抢救费用和受害人所受的财产损失由致害人承担？

根据《机动车交通事故责任强制保险条例》第二十二条第一款规定，有下列情形之一的，保险公司在机动车交通事故责任强制保险责任限额范围内垫付抢救费用，并有权向致害人追偿：（1）驾驶人未取得驾驶资格或者醉酒的；（2）被保险机动车被盗抢期间肇事的；（3）被保险人故意制造道路交通事故的。第二款规定，有前款所列情形之一，发生道路交通事故的，造成受害人的财产损失，保险公司不承担赔偿责任。

【案例2-22】在哪些情形下，保险公司垫付的抢救费用和受害人所受的财产损失由致害人承担？

▶ **案情介绍** 被告杨某的机动车在原告X保险公司处投保了交强险，被告秦某无证驾驶杨某的机动车发生事故，负事故的主要责任（70%）。保险公司在交强险限额内赔偿受害人8万余元后，向被告杨某和秦某追偿，发生诉讼。法院经审理判决秦某应向保险公司支付赔偿款8万余元，即法院支持保险公司全额追偿。

《机动车交通事故责任强制保险条例》第二十二条规定了保险公司在责任限额范围内垫付抢救费用后有权向致害人追偿的几种特殊情形。对于该条中的"致害人"应理解为直接造成损害的责任人。机动车发生事故的主要原因在于驾驶行为而非机动车本身，机动车所有人在丧失对机动车占有的情况下难以再进行危险控制和危险防范，车辆所有人仅承担与其过错相适应的责任，而非连带责任。

第二章 特殊侵权责任

根据《最高人民法院关于审理道路交通事故损害赔偿案件适用法律若干问题的解释》第十八条的规定，醉酒驾驶、无证驾驶或驾驶人故意的情形下，导致第三人人身损害，当事人请求保险公司在交强险责任限额内予以赔偿，人民法院应予支持。保险公司在赔偿范围内向侵权人主张追偿的，人民法院应予支持。

(52) 机动车交通事故责任强制保险的责任限额为多少？

根据《机动车交通事故责任强制保险条例》第二十三条规定，机动车交通事故责任强制保险在全国范围内实行统一的责任限额。责任限额分为死亡伤残赔偿限额、医疗费用赔偿限额、财产损失赔偿限额以及被保险人在道路交通事故中无责任的赔偿限额。根据《机动车交通事故责任强制保险条例》的有关规定，在综合分析各方意见的基础上，保监会会同有关部门确定了机动车交通事故责任强制保险（以下简称"交强险"）责任限额调整方案。新责任限额方案内容如下：（1）被保险机动车在道路交通事故中有责任的赔偿限额：死亡伤残赔偿限额110000元人民币；医疗费用赔偿限额1000元人民币；财产损失赔偿限额2000元人民币。（2）被保险机动车在道路交通事故中无责任的赔偿限额：死亡伤残赔偿限额11000元人民币；医疗费用赔偿限额1000元人民币；财产损失赔偿限额100元人民币。上述责任限额从2008年2月1日零时起实行。截至2008年2月1日零时保险期间尚未结束的交强险保单项下的机动车在2008年2月1日零时后发生道路交通事故的，按照新的责任限额执行；在2008年2月1日零时前发生道路交通事故的，仍按原责任限额执行。

53 被保险机动车发生道路交通事故，被保险人申请赔偿保险金的程序？

根据《机动车交通事故责任强制保险条例》第二十七条和第二十八条规定，被保险机动车发生道路交通事故，应通过以下程序申请保险金：(1) 履行通知义务。被保险人或者受害人通知保险公司的，保险公司应当立即给予答复，告知被保险人或者受害人具体的赔偿程序等有关事项。(2) 提供有关的证明和资料。被保险机动车发生道路交通事故的，由被保险人向保险公司申请赔偿保险金。保险公司应当自收到赔偿申请之日起1日内，书面告知被保险人需要向保险公司提供的与赔偿有关的证明和资料。

根据《机动车交通事故责任强制保险条例》第二十九条规定，保险公司应当自收到被保险人提供的证明和资料之日起5日内，对是否属于保险责任作出核定，并将结果通知被保险人；对不属于保险责任的，应当书面说明理由；对属于保险责任的，在与被保险人达成赔偿保险金的协议后10日内，赔偿保险金。

根据《机动车交通事故责任强制保险条例》第三十一条规定，保险公司可以向被保险人赔偿保险金，也可以直接向受害人赔偿保险金。但是，因抢救受伤人员需要保险公司支付或者垫付抢救费用的，保险公司在接到公安机关交通管理部门通知后，经核对应当及时向医疗机构支付或者垫付抢救费用。因抢救受伤人员需要救助基金管理机构垫付抢救费用的，救助基金管理机构在接到公安机关交通管理部门通知后，经核对应当及时向医疗机构垫付抢救费用。

54 乘客下车开车门未尽到安全注意义务致人受伤，是否应当承担赔偿责任？

根据《道路交通安全法实施条例》第七十七条规定，乘坐机动车应当遵守下列规定：（一）不得在机动车道上拦乘机动车；（二）在机动车道上不得从机动车左侧上下车；（三）开关车门不得妨碍其他车辆和行人通行；（四）机动车行驶中，不得干扰驾驶，不得将身体任何部分伸出车外，不得跳车；（五）乘坐两轮摩托车应当正向骑坐。乘车人未遵守上述规定遭受人身伤亡的，本人也应当承担相应责任。

【案例 2-23】 乘客也有过失的损害赔偿责任承担的情形。

▶ **案情介绍** 2013年8月30日，柴某乘坐陈某驾驶的车辆在非机动车道内停车，柴某开启左后车门时，适有亢某驾驶无号牌电动自行车由东向西行驶，两车接触，造成亢某受伤、车辆损坏。交通管理部门认定陈某、柴某负全部责任，亢某无责任。陈某的车辆在保险公司投保交强险及20万元不计免赔商业三者险。亢某起诉至法院要求陈某、柴某及保险公司承担各项损失。

法院经审理认为，根据道路交通安全法实施条例的相关规定，乘坐机动车时在机动车道上不得从机动车左侧上下车，开关车门不得妨碍其他车辆和行人通行。本案中，柴某未尽到安全注意义务，下车开启车门时撞击到电动车是亢某受伤的主要原因，应承担亢某人身损害的主要赔偿责任。法院酌定柴某的责任承担比例为60%，陈某未按规定停车的责任承担比例为40%。

55 车辆投保人在什么情况下可以获得本车交强险赔偿?

根据《最高人民法院关于审理道路交通事故损害赔偿案件适用法律若干问题的解释》第十七条的规定,投保人允许的驾驶人驾驶机动车致使投保人遭受损害,当事人请求承保交强险的保险公司在责任限额范围内予以赔偿的,人民法院应予支持,但投保人为本车上人员的除外。

【案例2-24】车辆投保人在什么情况下可以获得本车交强险赔偿?

▶ 案情介绍 2013年11月20日,吴某驾驶的小轿车前部撞上马某停放的小轿车,将马某车前部站立的叶某(叶某为马某所驾驶车辆的车主及投保人)挤撞在陈某停放的小轿车后部。经交通大队认定,吴某负主要责任,马某负次要责任,叶某、陈某无责任。后叶某起诉至法院,要求吴某及陈某的保险公司赔偿各项损失。

法院经审理认为,根据《最高人民法院关于审理道路交通事故损害赔偿案件适用法律若干问题的解释》第十七条的规定,叶某虽然是车辆的投保人,但是因其站在车下在其他车和本车的共同作用下受伤,叶某可以作为第三人获得本车交强险的赔偿,所以承保叶某车辆交强险的保险公司也应当作为共同被告承担赔偿责任。

第三章　旅行篇

56 旅行者在旅行途中遭遇人身损害，何种情况下，旅行社需要承担赔偿责任？

《中华人民共和国旅游法》（以下简称《旅游法》）第七十条第一款规定，旅行社不履行包价旅游合同义务或者履行合同义务不符合约定的，应当依法承担继续履行、采取补救措施或者赔偿损失等违约责任；造成旅游者人身损害、财产损失的，应当依法承担赔偿责任。旅行社具备履行条件，经旅游者要求仍拒绝履行合同，造成旅游者人身损害、滞留等严重后果的，旅游者还可以要求旅行社支付旅游费用一倍以上三倍以下的赔偿金。

违反合同约定就需承担相应责任，这是民事法律的基本原则。具体到包价旅游合同上，除一般性违约外，有些为故意违约，可能造成旅游者人身损害的严重后果。如旅行社无正当理由拒绝履行合同义务甚至甩团等，仅承担通常的违约、赔偿责任仍不能体现公平、合理的要求，需要法律予以特殊规定。

旅行社承担惩罚性赔偿的前提条件是，旅行社具备履行条件，经旅游者要求仍拒绝履行合同，这种情形在旅游行业中通常被称为甩团。

甩团往往是由于旅游者拒绝购物或者参加另行付费的项目，导游、领队未能从中获得回扣等不正当利益所引起的，这种行为本身性质恶劣，有时会发生旅游者走失、人身伤害的严重后果。需要注意的是，旅行社承担惩罚性赔偿责任的构成要件如下：（1）旅行社具备履行条件拒不履行合同。如果旅行社因为不可抗力以及尽到合理注意义务仍不可预见的事件而无法履行，则不能认为旅行社拒不履行合同；（2）经旅游者要求仍然拒绝履行合同。旅游者要求旅行社继续履行合同，是旅行社承担惩罚性赔偿责任的必经程序。

【案例 3-1】旅行者在旅行途中遭遇人身损害，何种情况下，旅行社需要承担赔偿责任？

▶ **案情介绍** 刘女士在某旅行社报了出国旅游团，前往瑞士旅游。在瑞士爬雪山时不慎摔伤，臀部着地，回国后确诊为T12、L2椎体压缩骨折，经过伤残等级鉴定，刘女士的伤情构成了十级伤残。刘女士摔倒时导游并未在身边。故刘女士以此为由要求旅行社赔偿24万元。

法院经审理后认为，根据《最高人民法院关于审理旅游纠纷案件适用法律若干问题的规定》第七条，旅游经营者、旅游辅助服务者未尽到安全保障义务，造成旅游者人身损害、财产损失，旅游者请求旅游经营者、旅游辅助服务者承担责任的，人民法院应予支持。本案中，被告理应考虑到在爬山的过程中，应针对原告年龄大等个体特殊情况进行有针对性的照顾，而原告在摔倒时导游并不在现场，应认定为未尽到安全保障义务，判决被告赔偿原告20余万元。

57 旅游者在自行安排活动期间遭遇人身损害，何种情况下，旅行社需要承担赔偿责任？

《旅游法》第七十条第三款规定，在旅游者自行安排活动期间，旅行社未尽到安全提示、救助义务的，应当对旅游者的人身损害、财产损失承担相应责任。《最高人民法院关于审理旅游纠纷案件适用法律若干问题的规定》第十九条规定，旅游者在自行安排活动期间遭受人身损害、财产损失，旅游经营者未尽到必要的提示义务、救助义务，旅游者请求旅游经营者承担相应责任的，人民法院应予支持。自行安排活动期间，包括旅游经营者安排的在旅游行程中独立的自由活动期间、旅游者不参加旅游行程的活动期间以及旅游者经导游或者领队同意暂时离队的个人活动期间等。

根据上述规定可以看出，旅游者自行安排活动期间，一般包括旅行社安排的在旅游行程中独立的自由活动期间、旅游者不参加旅游行程的活动期间以及旅游者经导游或者领队同意暂时离队的个人活动期间等。这期间，旅行社仍然对旅游者负有人身、财产安全的保障义务。不过，如果是旅游者在旅游行程中未经导游或者领队许可，故意脱离团队，遭受人身损害、财产损失的，旅游经营者可以不赔偿损失。

【案例3-2】旅游者在自行安排活动期间遭遇人身损害，何种情况下，旅行社需要承担赔偿责任？

▶ 案情介绍 原告曹某与被告某旅行社签订《团队出境旅游合同》一份，约定曹某参加日本境外旅游活动。到日本后第二天，因旅行社未安排晚餐，原告等人于当晚9时左右外出就餐，因所经道路均无路灯照明，在与前方车辆相遇时，不慎跌入附近一条下水道内并受伤。当晚，原告至当地医院急诊，被初步诊断为韧带和软组织拉伤，花费人民币689.51元。回国后，原告住入医院，被诊断为左胫骨平台骨折、左膝半月板撕裂，共花费医疗费75584.76元。

法院经审理认为，原告曹某在被告组织的旅游活动中遭受人身损害，虽然被告旅行社在其受伤的当晚陪同曹某至医院进行诊治，但在日本旅行期间，未能对受伤的原告给予特殊的关照，并且未能再行诊治，未尽到必要的救助义务。根据《最高人民法院关于审理旅游纠纷案件适用法律若干问题的规定》第十九条第一款规定，被告作为旅游经营者应当承担相应的赔偿责任，故原告诉讼请求被告赔偿其相应的损失，应予支持。关于责任比例，酌定支持23%。被告应赔偿原告各项损失人民币32524元。

58 何种情况下，旅游者发生人身损害，旅行社可以不承担赔偿责任？

《旅游法》第七十条第二款规定，由于旅游者自身原因导致包价旅游合同不能履行或者不能按照约定履行，或者造成旅游者人身损害、财产损失的，旅行社不承担责任。《最高人民法院关于审理旅游纠纷案件适用法律若干问题的规定》第八条规定，旅游者不听从旅游经营者的告知、警示，参加不适合自身条件的旅游活动，导致旅游过程中出现人身损害，旅游者请求旅游经营者承担责任的，人民法院不予支持。

第三章 旅行篇

【案例 3-3】何种情况下，旅游者发生人身损害，旅行社可以不承担赔偿责任？

> **案情介绍** 王先生与北京市某国际旅行社签订出境旅行合同。旅游线路为美国塞班岛。王先生在塞班岛的第五天晚8点左右在酒店房间内突发心肌梗死，经送医院抢救无效死亡。王先生的妻子认为旅行社没有告知游客塞班岛当地气温、没有提示游客购买人身意外保险、没有询问游客的身体情况更没有及时抢救等，总之旅行社没有尽到安全保障义务，对王先生的死亡负有责任。所以向法院起诉要求旅行社赔偿医疗费、死亡赔偿金、丧葬费、住宿费、交通费、被抚养人生活费等共计466090元。旅行社认为，王先生的死亡是其自身疾病导致，而且发病的时间是在宾馆休息时间，旅行社不承担责任。旅行合同中已经明确载明"游客王先生身体健康"。如果是游客隐瞒自身疾病造成的后果，应由游客自行承担责任。

法院经审理认为，本案争议的焦点是旅行社的行为与王先生的死亡之间是否存在因果关系。王先生的死亡证明显示其死亡的原因是自身突发急性心肌梗死，在送往医院的途中死亡。原告认为旅行社没有尽到安全保障义务，但没有证据证明原告病发与当地气温、湿度具有直接因果关系，而且王先生在旅行合同中承诺自己身体健康。王先生病发后旅行社及时联系救护车，王先生在被送往医院的途中死亡，旅行社已经尽到了安全保障义务。因此，王先生的死亡与旅行社的行为之间没有因果关系，王先生因自身原因导致死亡，旅行社不承担赔偿责任。所以驳回了原告的诉讼请求。

59 旅行者因地接、旅游辅助服务人员的原因导致人身损害的，旅行社是否承担责任？

一般情况下，旅游者会接触到两类旅行社：一类是组团社，另一类是地接社。组团社是指与旅游者订立包价旅游合同的旅行社；地接社则是指接受组团社委托，在旅游目的地接待旅游者的旅行社。此外，为旅游者提供旅游服务的还有履行辅助人，是指与旅行社存在委托或合作合同关系，协助其履行包价旅游合同义务，实际提供相关服务的法人或者自然人。相较地接社，履行辅助人提供服务的内容更为单一，只提供住宿、餐饮、交通等服务中的某一项。

《旅游法》第七十四条约定，旅行社接受旅游者的委托，为其代订交通、住宿、餐饮、游览、娱乐等旅游服务，收取代办费用的，应当亲自处理委托事务。因旅行社的过错给旅游者造成损失的，旅行社应当承担赔偿责任。旅行社接受旅游者的委托，为其提供旅游行程设计、旅游信息咨询等服务的，应当保证设计合理、可行，信息及时、准确。

旅行社有偿为旅游者提供代订交通、住宿、餐饮、游览、娱乐等旅游服务的，作为受托人的旅行社给委托人造成损失的，承担过错责任，作为委托人的旅游者可以要求赔偿损失。但根据《民法典》第九百二十九条的相关规定，旅行社无偿为旅游者代办旅游服务给旅游者造成损失的，只有旅行社存在故意或重大过失的情况下，旅游者才可以要求其承担赔偿责任。否则，旅行社在一般过失和轻微过失的情况下给旅游者造成损失的，旅游者无权要求其承担赔偿责任。

【案例3-4】旅行者因地接、旅游辅助服务人员的原因导致人身损害的，旅行社是否承担责任？

◆ **案情介绍** 刘某杰与某旅行社签订了《团队国内旅游合同》、《长江包船（上水）旅游补充合同》各一份，合同约定刘某杰参加旅行社组织的长江包船（上水）旅游。水上旅行途中，船务公司所有的"长江观光"轮行至长江武汉段下游青山夹水道天兴洲大桥下游约200米处突发火灾，经援救，船上所有乘客及船员均安全转移，刘某杰受轻伤。后刘某杰向法院起诉称，根据法律规定，旅行社有保证游客人身、财产安全的义务，如没有做到，该旅行社就构成了违约。

法院经审理认为，旅行社应当对辅助服务者尽谨慎选择的义务，并保证其提供的商品和服务符合保障人身、财产安全的要求。现船务公司作为旅游辅助服务者，因游轮失火是单方事故，旅行社应当就旅游辅助服务者提供的游轮和服务存在瑕疵造成刘某杰等人的财产损失承担相应的违约责任。刘某杰就本起事故造成的损失，要求旅行社承担违约责任，于法有据，法院应予采信。

60 景区、住宿经营者将其经营项目或场地交由他人经营，对旅游者造成的损害，景区、住宿经营者承担连带责任吗？

根据《旅游法》第五十四条规定，景区、住宿经营者将其部分经营项目或者场地交由他人从事住宿、餐饮、购物、游览、娱乐、旅游交通等经营的，应当对实际经营者的经营行为给旅游者造成的损害承担连带责任。

实际生活中，景区、住宿经营者常常以租赁或承包的方式将其部分经营项目或者场地交由他人从事住宿、餐饮、购物、游览、娱乐、旅游交通等项目的经营。旅游者在接受这些服务过程中人身、财产受到侵害，往往得不到有效、及时的救济，其中一个重要的原因是景区、住宿经营者和实际经营者互相推诿，均认为自己不是责任主体。因此，实践中权益受到侵害的旅游者常常奔波于二者之间，得不到应有的赔偿。根据上述规定，景区住宿经营者将其部分经营项目或者场地通过承包出租、挂靠或者无偿转让等方式交由他人从事住宿、餐饮、购物、游览、娱乐、旅游交通等经营的，当实际经营者的经营行为因违反法定义务或者约定义务给旅游者造成人身财产损害的，景区、住宿的经营者和实际经营者负有连带责任。

【案例3-5】景区、住宿经营者将其经营项目或场地交由他人经营，他人经营行为对旅游者造成的损害，景区、住宿经营者是否承担责任？

⊙ **案情介绍** 魏某去某旅游公司经营的景区游玩，景区内有骑马项目（赛马场由杜某承包经营），由于魏某骑马操作不当，从马背上摔了下来造成骨折，经鉴定属六级伤残。另，某旅游公司作为旅游经营者与杜某共同签订《赛马场投资承包经营责任协议书》。魏某向法院请求：判令A旅游公司、杜某赔偿原告的全部损失，共计639101.08元。

法院经审理认为，某旅游公司作为旅游经营者，理应尽到必要的安全保障义务。在此次事故中，因某旅游公司经营的景区内的骑马项目存在一定的危险隐患，对杜某承包骑马旅游经营项目及相关资质并未审查。某旅游公司存在以上的安全保障措施及管理上的疏漏，致使魏某骑马受伤致残。被告杜某作为旅游辅助服务者，在未取得相应资质的情况下而经营该项服务违反了法律的相关规定。在此次事故中，杜某在对骑马等有危险的旅游项目上存在管理和防范上的疏漏，应承担相应的民事责任。所以，该旅游公司与杜某承担连带赔偿责任，赔偿魏某70%的损失。魏某作为成年人，应有自我保护的安全防范意识，在此次事故中由于自己骑马操作不当，造成了对自己的伤害，为此也有一定的过错，承担30%的责任。

61 旅游者因人身安全遇有危险而接受相关组织或者机构的救助后，是否承担有关费用？

根据《旅游法》第八十二条规定，旅游者在人身、财产安全遇有危险时，有权请求旅游经营者、当地政府和相关机构进行及时救助。中国出境旅游者在境外陷于困境时，有权请求中国驻当地机构在其职责范围内给予协助和保护。旅游者接受相关组织或者机构的救助后，应当支付应由个人承担的费用。

旅游者在旅游消费过程中遇有危险时，基于其与旅游经营者之间的合同关系，有权请求旅游经营者进行救助。而保障旅游者的安全，也是政府和相关机构的职责，旅游者在面临危险的情况下，自然有权请求救助、协助和保护。旅游者在人身、财产安全遇有危险时，有权请求旅游经营者、当地政府和相关机构进行及时救助。遇有危险主要指遇到、面临突发事件、安全事故、第三人侵害等已经发生或者可能发生的、危及旅游者人身、财产安全的事件。当地政府主要指旅游者危险发生地的基层政府。当地相关机构主要指有关职能部门和承担公共事务职能的事业单位、社会组织等。旅游者接受相关组织或者机构的救助后，应当支付应由个人承担的费用。

【案例3-6】旅游者因人身安全遇有危险而接受相关组织或者机构的救助后，是否承担有关费用的问题。

▶ **案情介绍** 游客王某到黄山旅游时，利用景区漏洞，绕过售票处，穿过铁丝网，进入安徽黄山风景区游玩。但没有想到自己卡在了悬崖峭壁上，进退两难。这时王某想到拨打求救电话。景区救援部门接警后，立即与王某取得了联系，前后共出动30多人参与救援工作。经历了7个小时的紧张搜救，王某终于脱离了险境。经过计算，此次救援累计发生费用15227元，其中有偿救援费用3206元，由王某承担。

这是自2018年7月1日《黄山风景名胜区有偿救援实施办法》颁布以来，景区实施的首例有偿救援。本案中，黄山景区在步行登山路线上均设置隔离拦网，每隔百米处设有"警方提示：禁止进入未开发开放区域，请沿游道登山"字样的温馨提示牌，王某作为一名心智成熟的成年人应当理解警示牌上提示的风险，但他不遵守黄山风景区游览规定，扒开铁丝拦网，擅自进入未开发开放区域，结果陷入困顿或危险状态。据此判断，王某符合有偿救援的构成要件，应承担救援费用。

第四章 特殊主体侵权责任

62 用人单位的工作人员在执行职务中致其他人损害的,用人单位是否承担赔偿责任?

《民法典》第一千一百九十一条第一款规定,用人单位的工作人员因执行工作任务造成他人损害的,由用人单位承担侵权责任。用人单位承担侵权责任后,可以向有故意或者重大过失的工作人员追偿。

这里的"用人单位"是指劳动合同法意义上与劳动者订立劳动合同或者形成事实劳动关系的法人或者其他组织,主要包括在我国境内设立的中外有限责任公司、中外股份公司,个人独资企业、合伙企业,个体经济组织民办非企业单位等组织以及会计师事务所、律师事务所等合伙组织和基金会,以及与劳动者建立劳动关系的国家机关、事业单位、社会团体。

用人单位的工作人员主要是指与用人单位建立劳动合同或者形成事实劳动关系的劳动者和企业管理人员。用人单位的工作人员无论是在工作场所或者工作场所之外履行职务,包括按照劳动合同的约定履行职责或者接受用人单位的临时指派执行任务中,因未尽必要的注意义务造成他人损害的，由用人单位承担侵权责任。但是，用人单位的工作人员在执行职务中故意造成他人损害的，或者在执行职务之外故意或者过失造成他人损害的，用人单位不承担侵权责任，由该侵权行为人自己承担侵权责任。

【案例 4-1】用人单位的工作人员在执行职务中致其他人损害的，用人单位承担赔偿责任的问题。

◉ 案情介绍　程某、呼某分别驾驶电动二轮车由南向北行驶，程某驾车超车时，将呼某的车带倒，呼某受伤。经交通队认定，程某负全部责任。事发后，程某陪同呼某至某医院就诊。后呼某将程某告上法庭，法庭上程某称事故发生时其正在上班，属于在执行职务过程中发生了事故，单位应承担责任。

根据法庭查明的事实，程某系商务公司员工，其从事外卖送餐工作，双方均认可事发当天上午程某进行过外卖送餐工作。而在事发时，虽然程某未打开手机端软件进行接单，但是其骑行的电动车及衣着均系平时从事外卖送餐工作之状况，其经过的地点亦是前往平日之工作站点范围之路线，即便其未进行接单实际从事正式送餐工作，但其前往工作站点范围属于其履行送餐工作之必要行为，与其工作存在合理关联性。因此，程某在事故发生时系正在执行工作任务，法院对此予以确认，并据此判决商务公司作为用人单位对呼某的合理损失予以赔偿。

第四章 特殊主体侵权责任

63 同一用人单位，一工作人员因执行职务行为造成另一工作人员人身损害的，责任如何承担？

根据《最高人民法院关于审理人身损害赔偿案件适用法律若干问题的解释》第三条规定，依法应当参加工伤保险统筹的用人单位的劳动者，因工伤事故遭受人身损害，劳动者或其近亲属向人民法院起诉请求用人单位承担民事赔偿责任的，告知其按《工伤保险条例》的规定处理。因用人单位以外的第三人侵权造成劳动者人身损害，赔偿权利人请求第三人承担民事赔偿责任的，人民法院应予支持。

如果工伤事故责任与人身损害赔偿责任发生竞合，争议焦点在于用人单位执行工作任务的工作人员是否属于"用人单位以外的第三人"，用人单位是否应为其工作人员之间造成的工伤承担民事赔偿责任。国家建立工伤保险制度，强制用人单位为其职工缴纳工伤保险费，其目的不仅在于补偿受害人，也是为分散用人单位的工伤风险。其中，用人单位的工作人员在执行工作任务时造成其他工作人员损害的风险，也是工伤保险制度要分散的一种风险。

因此，用人单位的工作人员在执行工作任务时造成本单位其他工作人员人身损害，构成工伤的，相关赔偿责任应当按《工伤保险条例》的规定处理，而不是用人单位按照人身损害赔偿处理。

64 被派遣的劳动者因执行工作任务造成他人损害的，劳务派遣单位是否承担侵权责任？

《民法典》第一千一百九十一条第二款规定，劳务派遣期间，被派遣的工作人员因执行工作任务造成他人损害的，由接受劳务派遣的用工单位承担侵权责任；劳务派遣单位有过错的，承担相应的责任。

根据劳动合同法的相关规定，所谓"劳务派遣"是指由劳务派遣机构与派遣劳工订立劳动合同，把劳动者派向其他用工单位，再由其用工单位向派遣机构支付一笔服务费用的一种用工形式。"被派遣的工作人员"是指与派遣单位订立劳动合同并接受其派遣到用工单位工作的劳动者。

劳务派遣单位对被派遣的工作人员在选任、派遣时未尽到必要注意义务即有过错的，劳务派遣单位根据其过错程度对被派遣的工作人员因执行工作任务造成的他人损害承担相应的补充责任，即只有在接受劳务派遣的用工单位不能承担全部赔偿责任的前提下，劳务派遣单位才根据自己的过错程度承担相应的补充责任。劳务派遣单位要承担责任，必须是对损害的发生负有过错，如果劳务派遣单位对被派遣的工作人员在选任、派遣时尽到必要注意义务即没有过错的，对被派遣的工作人员因执行工作任务造成的他人损害，既不承担侵权责任，也不承担补充责任。

【案例 4-2】被派遣的劳动者因执行工作任务造成他人损害的，劳务派遣单位是否承担侵权责任？

▶ **案情介绍** 庞某是一名保安公司的保安员，被保安公司派遣到某物业公司从事保安工作。一天夜里，庞某遇上了喝醉酒的业主熊某，熊某借着酒劲正在物业公司大堂里大吵大闹，庞某上前劝阻，熊某非但不听，还推搡庞某，庞某一怒之下给了熊某一拳，把熊某打翻在地，导致熊某手臂骨折。熊某向物业公司提出索赔，但物业公司认为庞某不是其员工，打人是其个人行为，不同意赔偿。

法院经审理认为，劳务派遣期间，被派遣的工作人员因执行工作任务造成他人损害的，由接受劳务派遣的用工单位承担侵权责任；劳务派遣单位有过错的，承担相应的补充责任。在劳务派遣期间，被派遣的工作人员是为接受劳务派遣的用工单位工作，接受用工单位的指示和管理，同时由用工单位为被派遣的工作人员提供相应的劳动条件和劳动保护，所以，被派遣的工作人员因工作造成他人损害的，其责任应当由用工单位承担。劳务派遣单位在派遣工作人员方面存在过错的，应当承担相应的责任。

在这则案例中，庞某接受物业公司的指挥，为物业公司工作，其因执行工作任务造成他人损害的，应由物业公司承担责任。

65 如果被派遣人员在派遣工作期间，因执行被派遣公司的任务导致自己受到损害的，相关责任应当由谁承担？

根据《劳动合同法》第九十二条规定，用工单位给被派遣劳动者造成损害的，劳务派遣单位与用工单位承担连带赔偿责任。此外，在被派遣员工因工受伤的情况下，劳务派遣单位根据《工伤保险条例》的规定，办理工伤认定申请、劳动能力鉴定申请等事宜，经认定和鉴定后，被派遣员工可以享受工伤保险待遇。

【案例4-3】如果被派遣人员在派遣工作期间，因执行被派遣公司的任务导致自己受到损害的，相关责任应当由谁承担？

▶ 案情介绍　范某与甲公司签订了一份劳动合同，双方约定：由甲公司安排范某到乙公司工作，工资为每月2000元。合同签订后，范某即按约被派遣至乙公司工作。乙公司与甲公司签订了劳务派遣协议。范某在工作中发生机械伤害事故，左手受伤，住院治疗26天，后由劳动部门认定为工伤，并构成七级伤残。现范某要求两公司向其赔偿，但两公司相互推诿。

根据《最高人民法院关于审理劳动争议案件适用法律若干问题的解释（二）》第十条规定：劳动者因履行劳动力派遣合同产生劳动争议而起诉，以派遣单位为被告；争议内容涉及接受单位的，以派遣单位和接受单位为共同被告。

本案中，甲公司是劳务派遣单位，乙公司是接受单位。范某因履行派遣合同产生劳动争议，应当以甲公司为被告。同时，因工伤争议涉及乙公司，故可将两公司列为共同被告。又因乙公司负有安全保障义务，因此，范某可以要求乙公司与甲公司承担连带赔偿责任。

此外，发生工伤事故，属于用人单位责任的，工伤职工应当按照《工伤保险条例》的规定享受工伤待遇，不再通过民事诉讼获得双重赔偿；但如果劳动者遭受工伤，是由于工伤责任承担主体之外的第三人的侵权行为造成，第三人不能免除民事赔偿责任。这里需要说明的是，工伤保险待遇与人身损害赔偿中，项目相同部分只能享受一次。

66 个人劳务提供者造成他人损害的，接受劳务一方是否承担责任？

根据《民法典》第一千一百九十二条规定，个人之间形成劳务关系，提供劳务一方因劳务造成他人损害的，由接受劳务一方承担侵权责任。接受劳务一方承担侵权责任后，可以向有故意或者重大过失的提供劳务一方追偿。

根据上述规定，个人劳务提供者在劳务合同的责任范围内或者根据个人劳务接受方的指示，提供劳务时因未尽到必要的注意义务造成他人损害的，由劳务接受方对被侵权人承担侵权责任。个人劳务提供者在提供劳务时故意或重大过失造成他人损害的，应当由其与雇主（即劳务接受方）承担连带赔偿责任。

67 个人劳务提供者因劳务导致自身损害的，接受劳务一方是否承担责任？

根据《民法典》第一千一百九十二条规定，提供劳务一方因劳务受到损害的，根据双方各自的过错承担相应的责任。提供劳务期间，因第三人的行为造成提供劳务一方损害的，提供劳务一方有权请求第三人承担侵权责任，也有权请求接受劳务一方给予补偿。接受劳务一方补偿后，可以向第三人追偿。

劳务关系不同于劳动关系。在劳动合同关系中，用人单位应当依法给劳动者办理工伤保险，并由用人单位逐月缴纳工伤保险费。工伤事故发生后，劳动者依法享受工伤保险待遇。但在个人劳务关系中，个人劳务接受者无须给个人劳务提供者办理工伤保险，个人劳务提供者亦不享有工伤保险待遇。因此，根据上述规定，个人劳务提供者在提供劳务或者进行与劳务有关的活动时，导致自身受到损害的，应当根据个人劳务提供者和接受者的各自过错承担相应责任，即双方都有过错的，应当按照各自的过错程度分摊责任；若只因个人劳务提供者或者接受者的一方过错造成的，应当由有过错的该方独自承担责任。因第三人的行为造成提供劳务一方损害的，提供劳务一方有权请求第三人承担侵权责任，也有权请求接受劳务一方给予补偿。接受劳务一方补偿后，可以向第三人追偿。

【案例 4-4】个人劳务提供者因劳务导致自身损害的，接受劳务一方是否承担责任？

> **案情介绍** 张某因要对其房屋屋顶进行修缮，遂雇佣卢某为其操作卷扬机，将修缮屋顶的生产资料及工人由地面传送到屋顶。卢某操作卷扬机过程中，因卷扬机超载，且承载该卷扬机的钢丝绳已到更换年限而未更换，致使卷扬机从空中坠落，将卢某的脚砸伤。卢某治疗花费的医疗费、误工费、护理费、住院伙食补助费、交通费共计42000元。卢某要求被告张某予以赔偿。

法院经审理认为，乙方卢某与被告张某之间形成了劳务关系，作为接受劳务方即被告张某应当为提供劳务方提供符合安全生产规范的生产工具，而本案中张某提供的卷扬机钢丝绳不符合安全标准是造成原告受伤的原因之一；作为提供劳务方即原告卢某未按照规定去操作生产工具也是造成自己受伤的另一个原因。因此对于原告的损失，卢某与张某各自承担百分之五十。

68 帮工人在从事帮工活动中致人损害的，被帮工人是否承担赔偿责任？

《最高人民法院关于审理人身损害赔偿案件适用法律若干问题的解释》第四条规定，无偿提供劳务的帮工人，在从事帮工活动中致人损害的，被帮工人应当承担赔偿责任。被帮工人承担赔偿责任后向有故意或者重大过失的帮工人追偿的，人民法院应予支持。被帮工人明确拒绝帮工的,不承担赔偿责任。

根据上述规定,所谓帮工人是指无偿为他人提供劳务帮助的人,因此它既不同于劳动关系中的劳动者,又不同于个人劳务关系中的个人劳务提供者。

一般情况而言,帮工人在帮工活动中致人损害的,由被帮工人承担赔偿责任。帮工人基于'情分'等原因为被帮工人无偿提供劳务,此时被帮工人是受益人,帮工活动的结果是被帮工人获得利益。据此,帮工人在帮工活动中致人损害的,应当由被帮工人承担赔偿责任。

被帮工人明确拒绝帮工的,不承担责任。帮工人是应被帮工人请求参加帮工活动的,只有被帮工人明确拒绝帮工的情况下,帮工人仍坚持参加帮工活动,被帮工人不承担责任。

【案例 4-5】帮工人在从事帮工活动中致人损害的,被帮工人是否承担赔偿责任?

▶ **案情介绍** 李某将农用车开到本村王某的维修店修理,王某在修理过程中,让李某帮助撬一构件,李某撬构件时,不料将构件撬飞,砸中第三人刘某头部。刘某在医院治疗花费医疗费 7000 多元。刘某认为李某还应赔偿误工费、伤残补助等费用,遂诉至法院,要求李某赔偿损失 17000 元。

法院经审理认为,李某是受王某的要求为其无偿帮工,王某是被帮工人,李某在应王某要求、为王某义务帮工过程中造成刘某的人身损害,因此,其赔偿责任应当由被帮工人王某承担。因此,法院依法判决驳回原告刘某对李某关于赔偿的诉讼请求。

69 帮工人因帮工活动遭受人身损害的，能否要求被帮工人承担赔偿责任？

《人身损害赔偿司法解释》第五条规定，无偿提供劳务的帮工人因帮工活动遭受人身损害的，根据帮工人和被帮工人各自的过错承担相应的责任，被帮工人明确拒绝帮工的，被帮工人不承担赔偿责任，但可以在受益范围内予以适当补偿。

根据上述规定，除了被帮工人明确拒绝帮工而帮工人执意帮工外，帮工人因帮工活动遭受人身损害的，被帮工人应当承担赔偿责任。被帮工人明确拒绝帮工而帮工人执意帮工的，被帮工人虽对帮工人因帮工活动遭受的人身损害不承担赔偿责任，但依据公平原则帮工人可以在被帮工人因帮工而受益的范围内给予适当补偿。帮工人在帮工活动中因被帮工人之外的第三人侵权遭受人身损害的，由第三人承担赔偿责任。第三人不能确定或者没有赔偿能力的帮工人可以要求被帮工人给予适当补偿。

【案例 4-6】帮工人因帮工活动遭受人身损害的，能否要求被帮工人承担赔偿责任？

▶ 案情介绍　甲乙双方签订《房屋出租协议书》，甲方将其所有的一个门面房租给乙方经营使用。之后，甲方请乙方帮忙将其楼顶水塔自动开关的线路接好，乙方在搭乘甲方自行搭建的简易升降机上升途中，因升降机的绳索断裂，坠落受伤。乙方受伤后即被送往医院抢救治疗，治疗后经司法鉴定所鉴定，乙方伤残等级为一级伤残。乙方起诉至法院，主张甲方承担乙方因帮工遭受人身损害的损失共计

866033元（包括医疗费、误工费、护理费、住院伙食补助费、营养费、残疾赔偿金等）。

法院经审理认为，甲乙双方构成义务帮工关系。甲方作为其房屋自制升降机的所有人、管理人及使用人，对升降机的安全使用应具有高度注意义务，由于其疏于检查，导致原告乙方为其义务帮工时搭乘该升降机上升途中因升降机的绳索断裂而坠落受伤，甲方对损害的发生应承担主要责任；原告义务帮工，为节省时间搭乘升降机，因其对甲方自制的升降机安全性能估计不足，对损害的发生有一定过失，亦应承担一定责任。酌情由甲方承担80%赔偿责任。

70 公共场所管理人或者群众性活动组织者应尽哪些安全保障义务？

《民法典》第一千一百九十八条规定，宾馆、商场、银行、车站、机场、体育场馆、娱乐场所等经营场所、公共场所的经营者、管理者或者群众性活动的组织者，未尽到安全保障义务，造成他人损害的，应当承担侵权责任。

根据上述规定，宾馆、商场、银行、车站、娱乐场所等公共场所的管理人或者群众性活动的组织者是安全义务保障人，对进入其经营或者管理的公共场所的顾客或者其举办的群众性活动的参加者负有保障其人身财产安全的义务。这主要表现在：宾馆、商场、银行、车站、娱乐场所等公共场所的管理人或者群众性活动的组织者应当严格执行安全经营管理和消防安全管理的法律、法规；应当具备相应的安全经营和活动条件，制定和执行保障进入其场所的顾客、参加人员和其他人员人身财产安全的保护制度和应急预案；对经营管理的公共场所和活动场地进行安全检验、监测和评估，采取必要的安全保障措施防止危害发生。

但是，酒店等公共场所管理人的安全保障义务并非是没有界限、无限扩大的，而是一个"合理限度范围内"的安全保障义务。这种"合理限度范围内"的安全保障义务，在法院审查中一般体现在宾馆、商场等公共场所不应出现危险隐患、设计缺陷和人为的管理混乱。如果出现上述问题导致他人损害的后果，一般会被认定为"存在过错"和"未尽到安全保障义务"。

【案例 4-7】公共场所管理人或者群众性活动组织者应尽哪些安全保障义务？

▶ **案情介绍** 70 岁的刘老太跟随老伴来到北京旅游，两人根据子女的安排入住了北京一知名星级酒店。当天晚上，刘老太在卫生间如厕后，因为踩到地面上的水渍滑倒摔伤。酒店值班员在接到求救电话后拨打了 120，将刘老太送至医院进行治疗。事后，刘老太认为酒店没有尽到安全保障义务，诉至法院索要医疗费、护理费、残疾赔偿金等各项经济损失共计 17 万余元。酒店辩称，自己已经尽到了合理限度内的安全保障义务。房间配有棉质防滑拖鞋，卫生间地面为大理石材质，卫生间内有防滑地垫、棉质地巾及防滑的警示标志。刘老太摔倒主要是因为自己年纪大和疏忽大意所致，故不同意赔偿。

法院经审理认为，酒店是否尽到"合理限度范围内"的安全保障义务是本案审理的焦点。根据案件查明的事实，刘老太入住酒店时，酒店在卫生间内配有棉质防滑地巾、棉质防滑拖鞋，地面材质为具有一定防滑作用的大理石，卫生间的墙壁上设有防滑警示标志，并不存在不符合法律、法规、规章或者特定的操作规程的要求，该酒店所采取的防滑措施亦属于同类社会活动或者一个诚信善良的从业者应当达到的通常的程度。此外，在提供了上述设施后，该酒店对于入住的客人滑倒具有不可预见性。而且，刘老太摔倒后酒店及时拨打急救电话、安排人员跟随就医。因此，法院认为酒店在合理限度范围内尽到了安全保障义务，驳回了刘老太的诉讼请求。

71 因第三人的行为造成他人损害的，公共场所的管理人或者群众性活动的组织者是否承担侵权责任？

《民法典》第一千一百九十八条规定，因第三人的行为造成他人损害，由第三人承担侵权责任；经营者、管理者或者组织者未尽到安全保障义务的，承担相应的补充责任。经营者、管理者或者组织者承担补充责任后，可以向第三人追偿。

据此，在宾馆、商场、银行、车站、娱乐场所等公共场所或者在群众性活动中，安全保障义务人已尽到安全保障义务，安全保障权利人因第三人的故意或者过失行为造成损害的，应当由实施侵权行为的第三人承担侵权责任，安全保障义务人不承担责任；但作为管理人或者组织者的安全保障义务人未尽到安全保障义务，从而为第三人对安全保障权利人实施人身或者财产损害提供可乘之机或者便利条件的，安全保障义务人应当对安全保障权利人即被侵权人承担补充责任。这里所说的"补充责任"，是指被侵权人即安全保障权利人应当向实施侵权行为的第三人要求承担全部赔偿责任。但是，当作为侵权人的第三人不能赔偿、赔偿不足或者下落不明时，被侵权人可以要求安全保障义务人按照其过错程度承担相应的补充责任。

【案例 4-8】因第三人的行为造成他人损害的，公共场所的管理人或者群众性活动的组织者是否承担侵权责任？

● 案情介绍　韩女士和王先生在商场购物时因结账先后问题发生争执。服务员看两人争执愈发激烈，赶忙上前劝阻，超市的两名保安员也闻声赶过来。这时，王先生已经对韩女士大打出手，保安边报警，边竭力劝阻。最后韩女士的左眼因受外力击打，导致视网膜脱落，花去了大笔医疗费用。韩女士认为，自己是在商场中受到的伤害，商场也应与王先生一起共同承担赔偿责任。于是韩女士向商场主张赔偿相关医疗费用及有关误工费、交通费等共计 2 万元。

法院经审理认为，本案中，由于商场服务员和保安人员都尽力对二人进行劝阻和制止并及时报警，已经履行了相应的安保职能，尽到了安全保障义务，商场不需要承担责任。

第五章 危险责任篇

72 什么是高度危险责任?

关于"高度危险作业"的概念,《民法典》并未解释说明。王利明在其著述的《侵权责任法研究》中认为,高度危险责任是指因高度危险活动或高度危险物导致他人损害,行为人应当承担的侵权责任。杨立新教授在其著述的《侵权法论》中认为,高度危险责任是指行为人实施危险活动或管领危险物,造成他人的人身或财产损害,应当承担赔偿责任的特殊侵权责任。由此可见,我国民法所规定的"高度危险作业"既包括高度危险行为又包括高度危险物。高度危险行为致损,包括从事高空、高压、地下挖掘活动或者使用高速轨道运输工具等对周围环境具有较高危险性的活动;高度危险物致损害行为,包括使用易燃、易爆、剧毒、放射性等具有高度危险的物品。

构成高度危险作业应具备以下三个条件:(1)作业本身具有高度的危险性。也就是说,危险性变为现实损害的概率很大,超过了一般人正常的防范意识,或者说超过了在一般条件下人们可以避免或者躲避的危险;(2)高度危险作业即使采取安全措施并尽到了相当的注意也无法避免损害。日常生活中,任何一种活动都可能对周围人们的财产或人身产生一定的危险性,但高度危险作业则具有不完全受人控制或者难以控制的危害性;(3)不考虑高度危险作业人对造成损害是否有过错。

高度危险责任不以行为人主观上存在过错为前提,只要从事高度危险作业造成他人损害,除非存在法定的免责事由,高度危险作业人均应承担侵权责任。可见,高度危险责任属于无过错责任。高度危险作业人承担侵权责任须具备以下要件:(1)发生了造成他人损害的高度危险事故,如民用核设施发生核事故,民用航空器爆炸、坠毁事故,易燃、易爆、剧毒、放射性等高度危险物发生爆炸、泄露、辐射,发生高空、高压、地下挖掘事故或者高速轨道运输事故等。(2)造成损害后果,即发生高度危险作业事故造成他人人身、财产损害。(3)高度危险事故与他人损害后果之间具有因果关系,即高度危险作业事故是导致他人损害结果发生的必然原因和不可排除的条件。在具备上述产品责任要件下,生产者只要不能举证证明存在依法免责的事由,其不能以不具有主观过错(即故意或者过失)为由主张免责。

73 民用核设施发生核事故造成他人损害,民用核设施的经营者在什么情况下不承担责任?

根据《中华人民共和国放射性污染防治法》(以下简称《放射性污染防治法》)的相关规定,所谓核设施,是指核动力厂(核电厂、核热电厂、核供汽供热厂等)和其他反应堆(研究堆、实验堆、临界装置等);核燃料生产、加工、贮存和后处理设施;放射性废物的处理和处置设施等。《民法典》第一千二百三十七条规定,民用核设施或者运人运出核设施的核材料发生核事故造成他人损害的,民用核设施的营运单位应当承担侵权责任;但是,能够证明损害是因战争、武装冲突、暴乱等情形或者受害人故意造成的,不承担责任。《国务院关于核事故损害赔偿责任问题的批复》规定,对直接由于武装冲突、敌对行动、战争或者暴乱所引起的核事故造成的核事故损害,营运者不承担赔偿责任。核事故损害是由自然人的故意作为或者不作为造成的,营运者向受害人赔偿后,对该自然人行使追索权。

根据上述规定,民用核设施发生核事故造成他人损害的,应当承担无过错责任,即无论其主观上是否具有过错即故意和过失都应当承担侵权责任。但是,民用核设施的经营者只要能够证明具有依法免责的事由,如战争、武装冲突、暴乱等不可抗力情形或者受害人故意造成的,民用核设施的经营者不承担责任。

74 民用航空器造成他人人身损害的,民用航空器的经营者在什么情况下不承担责任?

《民法典》第一千二百三十八条规定,民用航空器造成他人损害的,民用航空器的经营者应当承担侵权责任;但是,能够证明损害是因受害人故意造成的,不承担责任。《中华人民共和国民用航空法》(以下简称《民用航空法》)第一百六十条规定,"损害是武装冲突或者骚乱的直接后果,依照本章规定应当承担责任的人不承担责任。依照本章规定应当承担责任的人对民用航空器的使用权业经国家机关依法剥夺的,不承担责任。"以上两项法律的规定并不互相冲突。根据特别法优于普通法的原则,发生《民用航空法》第一百六十条规定的情形的,应当适用《民用航空法》;《民法典》第一千二百三十八条的规定则在其他情形继续适用、互不干扰。

民用航空器的主要用途有两个方面：（1）专门从事运送旅客、行李、邮件或者货物的运输飞行；（2）通用航空，包括从事工业、农业、林业、渔业和建筑业的作业飞行，以及医疗卫生、抢险救灾、气象探测、海洋监测、科学实验、教育训练、文化化育等方面的飞行活动。

民用航空器侵权的，其责任承担主体为该航空器的经营者。这里的经营者主要包括从事运输旅客、货物运输的承运人和从事通用航空的民用航空器使用人。从事旅客货物运输的承运人主要是公共航空运输企业。公共运输企业运送旅客，应当出具客票，客票是航空旅客运输合同订立和运输合同条件的初步证据。公共运输企业运送货物的，应当与托运人订立合同，接受托运人出具的航空货运单，航空货运单是航空货物运输合同订立和运输条件以及承运人接受货物的初步证据。公共运输企业应当按照约定将旅客、货物及时送到目的地。航空器造成他人损害的，应当承担无过错责任，即无论其主观上是否具有故意或者过失，都应当承担侵权责任。但是，其有证据证明损害是受害人故意造成的，其不承担责任。免责事由仅为受害人故意，这里注意受害人重大过失不能成为其免责事由。

75 民用航空器对地面第三人损害的赔偿责任，应当如何认定责任承担？

《民用航空法》对地面第三人损害的赔偿责任认定做出了详细规定。该法第一百五十七条、第一百五十九条规定，因飞行中的民用航空器或者从飞行中的民用航空器上落下的人或者物，造成地面（包括水面，下同）上的人身伤亡或者财产损害的，受害人有权获得赔偿；

但是，所受损害并非造成损害的事故的直接后果，或者所受损害仅是民用航空器依照国家有关的空中交通规则在空中通过造成的，受害人无权要求赔偿。前款所称飞行中，是指自民用航空器为实际起飞而使用动力时起至着陆冲程终了时止；就轻于空气的民用航空器而言，飞行中是指自其离开地面时起至其重新着地时止。未经对民用航空器有航行控制权的人同意而使用民用航空器，对地面第三人造成损害的，有航行控制权的人除证明本人已经适当注意防止此种使用外，应当与该非法使用人承担连带责任。

此外，根据《民用航空法》第一百六十一条、第一百六十二条规定，依照本章规定应当承担责任的人证明损害是完全由于受害人或者其受雇人、代理人的过错造成的，免除其赔偿责任；应当承担责任的人证明损害是部分由于受害人或者其受雇人、代理人的过错造成的，相应减轻其赔偿责任。但是，损害是由于受害人的受雇人、代理人的过错造成时，受害人证明其受雇人、代理人的行为超出其所授权的范围的，不免除或者不减轻应当承担责任的人的赔偿责任。一人对另一人的死亡或者伤害提起诉讼，请求赔偿时，损害是该另一人或者其受雇人、代理人的过错造成的，适用前款规定。两个以上的民用航空器在行中相撞或者相扰，造成本法第一百五十七条规定的应当赔偿的损害，或者两个以上的民用航空器共同造成此种损害的，各有关民用航空器均应当被认为已经造成此种损害，各有关民用航空器的经营人均应当承担责任。

76 高度危险物造成他人损害的，其占有者或者使用人在什么情况下免除或者减轻责任？

《民法典》第一千二百三十九条规定，占有或者使用易燃、易爆、剧毒、高放射性、强腐蚀性、高致病性等高度危险物造成他人损害的，占有人或者使用人应当承担侵权责任；但是，能够证明损害是因受害人故意或者不可抗力造成的，不承担责任。被侵权人对损害的发生有重大过失的，可以减轻占有人或者使用人的责任。

对易燃、易爆、剧毒、放射性物品的认定，一般根据国家颁布的三个标准：GB6944《危险货物分类和品名编号》、GB12268《危险货物品名表》和GB13690《常用危险化学品的分类及标志》。如《危险货物分类和品名编号》规定，危险货物是指具有爆炸、易燃、毒害、感染、腐蚀、放射性等危险特性，在运输、储存、生产、经营、使用和处置中，容易造成人身伤亡、财产损毁或环境污染而需要特别防护的物质和物品。

在高度危险责任中，责任的承担者原则上是控制或者应当控制该危险的人。高度危险物本身具有危及他人人身、财产的自然属性，但往往因为在占有和使用当中造成他人损害。这里的"占有"和"使用"包括生产、储存、运输高度危险品以及将高度危险品作为原料或者工具进行生产等行为。因此，高度危险物的占有人和使用人必须采取可靠的安全措施，避免高度危险物造成他人损害。只要是易燃、易爆、剧毒、放射性等高度危险物造成他人人身、财产损害的，占有人或者使用人应当承担侵权责任。这里的"侵权责任"并不限于赔偿损失，而且应当包括在事故发生后，占有人或者使用人应当迅速采取有效措施，组织抢救，防止事故扩大，减少人员伤亡和财产损失等措施。

不可抗力是指不能预见、不能避免并不能克服的客观情况。本条增加"不可抗力"作为不承担责任情形，主要基于两点：（1）高度危险物虽然本身具有危险属性，但危险程度不及民用核设施和民用航空器，因此，在不承担和减轻责任上，应有所区别；（2）根据环境保护法、水污染防治法等法律规定，因不可抗力造成高度危险物污染损害的，免予承担责任。但是，不承担责任情形的举证责任在于占有人或者使用人，由其来证明损害是因为受害人故意或者不可抗力引起的，才能依法不承担责任。

在高度危险物占有人或者使用人已经尽到注意义务的前提下，在受害人有重大过失的情况下，可以减轻占有人或者使用人的赔偿责任。毕竟高度危险物的危险性很高，一旦造成损害，对其周围的环境和人民群众人身、财产安全影响也很大，因此，本条将减轻责任的情形严格限定在受害人的"重大过失"上，受害人有一般过失的，不能减轻占有人或者使用人的赔偿责任。至于什么是"重大过失"，可以在实践中根据占有人或者使用人是否已经尽到注意义务、受害人的行为方式、因果关系等因素作具体判断。

77 从事高空、高压、地下挖掘活动或者使用高速轨道运输工具造成他人损害的，经营者在什么情况下免除或者减轻责任？

《民法典》第一千二百四十条规定，从事高空、高压、地下挖掘活动或者使用高速轨道运输工具造成他人损害的，经营者应当承担侵权责任；但是，能够证明损害是因受害人故意或者不可抗力造成的，不承担责任。被侵权人对损害的发生有重大过失的，可以减轻经营者的责任。

高空作业通常指的是高处作业,指人在一定位置为基准的高处进行的作业。国家标准 GB/T 3608-2008《高处作业分级》规定:"凡在坠落高度基准面 2m 以上(含 2m)有可能坠落的高处进行作业,都称为高处作业。"

高压就是指较高的压强,在工业、医学和地理上都有高压的概念,在本条里的"高压"则属于工业生产意义上的高压,包括高压电、高压容器等。在不同行业里认定高压的标准不同。

地下挖掘就是在地表下一定深度进行挖掘的行为。

高速轨道运输工具就是沿着固定轨道上行驶的车辆。高速轨道运输工具包括铁路、地铁、轻轨、磁悬浮、有轨电车等。高速轨道运输一个主要的特点是速度快。

以上几种危险作业的人身损害赔偿责任主体都是危险作业本身的经营者(包括使用者),造成人身损害赔偿的应当承担无过错责任。

如果能够证明损害因受害人故意或者不可抗力造成的,作业人不承担责任。这里的"受害人故意",是指受害人自杀或者自伤行为。对受害人故意导致损害,经营者不承担责任,这与民法通则的规定是一致的。这里的"不可抗力"是指不能预见、不能避免并不能克服的客观情况。依通常理解,"不可抗力"包括以下两种情况:(1)自然灾害,即因自然原因引起的不可抗力,如地震、海啸等,一般性自然灾害不得作为不可抗力;(2)社会事件,即因社会原因引起的不可抗力,如战争、武装冲突、社会动乱等。如果从事高空活动的经营者能够证明受害人对损害的发生有过失的,可以减轻经营者的责任。

78 遗失、抛弃高度危险物造成他人损害的,由谁承担侵权责任?

《民法典》第一千二百四十一条规定,遗失、抛弃高度危险物造成他人损害的,由所有人承担侵权责任。所有人将高度危险物交由他人管理的,由管理人承担侵权责任;所有人有过错的,与管理人承担连带责任。

本条规定了不同情形下不同的责任承担主体。

所有人应当按照高度危险物的生产、储存和处置的安全规范,采取必要的安全措施保管或者处置其所有的高度危险物。如果违反有关规定抛弃或者遗失高度危险物造成他人损害的,就应当承担侵权责任。这里的"侵权责任"不仅包括对受害人的赔偿,而且包括应当积极采取补救措施,立即将抛弃的高度危险物妥善回收,防止损害扩大。由于高度危险物本身的危险特性,这里的侵权责任是无过错责任。

在所有人不具备储存高度危险物的条件下,其应当将高度危险物交由符合条件的储存单位保管。管理人是指根据所有人的委托,对高度危险物进行占有并进行管理的单位,如专业的危险化学品仓储公司、危险化学品运输公司等。高度危险物的管理人应当具有相应的资质,并应当按照国家有关安全规范,妥善管理他人所交付的高度危险物。如果因为管理不善,遗失、抛弃高度危险物的,管理人应当承担侵权责任。

所有人将高度危险物交由他人管理的,应当选择有相应资质的管理单位,并如实说明高度危险物的名称、性质、数量、危害、应急措施等情况。如果所有人未选择符合资质的管理人,或者未如实说明有关情况,所有人即有过错。如果管理人抛弃、遗失高度危物造成他人损害的，所有人与管理人承担连带责任。被侵权人可以要求所有人承担侵权责任，或者要求管理人承担侵权责任，也可以要求所有人和管理人共同承担侵权责任。在对内关系上，所有人和管理人根据各自的责任大小确定各自的赔偿数额；难以确定的，平均承担赔偿责任。支付超出自己赔偿数额的连带责任人，有权向其他连带责任人追偿。

79 非法占有高度危险物造成他人损害的，应当由谁承担侵权责任？

《民法典》第一千二百四十二条规定，非法占有高度危险物造成他人损害的，由非法占有人承担侵权责任。所有人、管理人不能证明对防止非法占有尽到高度注意义务的，与非法占有人承担连带责任。

如果储存、使用高度危险物的所有人或者管理人的安全措施不到位，导致高度危险物被盗，将会对周围的人民群众的生命健康和财产产生巨大威胁。因此，本条对被非法占有的高度危险物造成损害的侵权责任作出明确规定，区分非法占有人、所有人、管理人的责任，明确责任的承担。

所谓的非法占有，是指明知自己无权占有，而通过非法手段将他人的物品占为己有。盗窃、抢劫、抢夺都是非法占有的主要形式。在高度危险物被非法占有的情况下，高度危险物已经脱离所有人或者管理人的实际占有，由非法占有人实际控制。因此，应当由非法占有人承担侵权责任，且其应当承担无过错责任。

如果非法占有系因原所有人或者管理人未尽到高度注意义务，导致高度危险物被非法占有，应当加重所有人、管理人的责任，使其对自己的过失行为负责。因此，所有人、管理人不能证明对防止他人非法占有尽到高度注意义务的，与非法占有人承担连带责任。

80 未经许可进入高度危险活动区域或者高度危险物存放区域受到损害的，管理人是否承担责任？

《民法典》第一千二百四十三条规定，未经许可进入高度危险活动区域或者高度危险物存放区域受到损害，管理人能够证明已经采取足够安全措施并尽到充分警示义务的，可以减轻或者不承担责任。

高度危险作业人实施高度危险的活动，应当承担无过错责任。无过错责任的免责或者减责事由仅限于法律规定，即只有在法律明文规定不承担责任或者减轻责任的情况下，作业人才可以提出抗辩。

但是，高度危险责任中还包括另一类，它并非积极、主动实施对周围环境造成高度危险的活动，而是因其管理控制的场所、区域具有高度危险性，如果未经许可擅自进入该区域，则易导致损害的发生，即高度危险活动区域或者高度危险物存放区域责任。如果将对高度危险场所、区域的控制和管理也视为高度危险活动，这一类高度危险活动是静态的，不像高度危险作业活动一样对周围环境实施了积极、主动的危险。虽然二者都属于高度危险责任，但在免责和减责事由上，二者应有所区别。因此，本条规定，未经许可进入高度危险活动区域或者高度危险物存放区域受到损害，管理人已经采取安全措施并且尽到警示义务的，可以减轻或者不承担责任。

一般来说，高度危险活动区域或者高度危险物存放区域都同社会大众的活动场所相隔绝。如果在管理人已经采取安全措施并且尽到警示义务的情况下，受害人未经许可进入该高度危险区域这一行为本身就说明受害人对于损害的发生具有过错。例如，出于自杀的故意积极追求损害的发生；或者出于过失，虽然看到警示标识但轻信自己能够避免。上述两种情况下，高度危险活动区域或者高度危险物存放区域的管理人可以减轻或者不承担责任。

第六章 物件损害责任

81 建筑物上的搁置物、悬挂物发生坠落造成他人损害的，由谁承担侵权责任？

根据《民法典》第一千二百五十三条规定，建筑物、构筑物或者其他设施及其搁置物、悬挂物发生脱落、坠落造成他人损害，所有人、管理人或者使用人不能证明自己没有过错的，应当承担侵权责任。所有人、管理人或者使用人赔偿后，有其他责任人的，有权向其他责任人追偿。

根据2019年11月颁布的《最高人民法院关于依法妥善审理高空抛物、坠物案件的意见》，高空坠物虽未造成严重后果，但仍危害公共安全的，应当对侵权人追究刑事责任。为伤害、杀害特定人员实施上述行为的，依照故意伤害罪、故意杀人罪定罪处罚。对坠落物、抛掷物的行为还应区分不同法律适用规则。建筑物及其搁置物、悬挂物发生脱落、坠落造成他人损害的，所有人、管理人或者使用人不能证明自己没有过错的，人民法院应当适用侵权责任法第八十五条的规定，依法判决其承担侵权责任；有其他责任人的，所有人、管理人或者使用人赔偿后向其他责任人主张追偿权的，人民法院应予支持。

此外，《最高人民法院关于依法妥善审理高空抛物、坠物案件的意见》还规定了物业的责任。物业服务企业不履行或者不完全履行物业服务合同约定或者法律法规规定、相关行业规范确定的维修、养护、管理和维护义务，造成建筑物及其搁置物、悬挂物发生脱落、坠落致使他人损害的，人民法院依法判决其承担侵权责任。有其他责任人的，物业服务企业承担责任后，向其他责任人行使追偿权的，人民法院应予支持。物业服务企业隐匿、销毁、篡改或者拒不向人民法院提供相应证据，导致案件事实难以认定的，应当承担相应的不利后果。

82 建筑物、构筑物或者其他设施倒塌致人损害的，由谁承担责任？

《民法典》第一千二百五十二条规定，建筑物、构筑物或者其他设施倒塌、塌陷造成他人损害的，由建设单位与施工单位承担连带责任，但是建设单位与施工单位能够证明不存在质量缺陷的除外。建设单位、施工单位赔偿后，有其他责任人的，有权向其他责任人追偿。

因所有人、管理人、使用人或者第三人的原因，建筑物、构筑物或者其他设施倒塌、塌陷造成他人损害的，由所有人、管理人、使用人或者第三人承担侵权责任。

建筑物、构筑物倒塌损害责任，是指建筑物、构筑物或者其他设施倒塌造成他人损害的，建设单位、施工单位或者其他责任人所应当承担的侵权责任。

《民法典》第一千二百五十二条第一款后半段规定的追偿权问题，是指因为勘察、设计、监理等环节的原因造成倒塌的，建设单位和施工单位也应首先向受害人赔偿，赔偿后可以依法向相关责任人追偿。这种非因建设单位和施工单位直接原因造成的损害，之所以让建设单位和施工单位首先承担责任，归根到底，还是可以认定其在对建筑物、构筑物或者其他设施的设置、管理上存在不当，故而追究其责任。

《民法典》第一千二百五十二条第二款所指的"倒塌"原因、"其他责任人"等，与第一款的规定不同，是指除了第一款规定的原因之外造成建筑物、构筑物或者其他设施的倒塌致人损害的，受害人可以依据第二款的规定，向"其他责任人"主张赔偿。这里的"其他责任人"与第一款中的"其他责任人"不是同一概念。例如，业主入住后，在装修过程中擅自改变承重结构造成建筑物倒塌的。这些是完全与建设单位或者施工单位无关的倒塌情形，受害人应当直接向相关责任人主张权利，其要求建设单位或者施工单位承担责任的，不应支持。

83 行人不知被何人从建筑物中抛掷的物品砸伤的，应找谁负责？

《民法典》第一千二百五十四条规定，禁止从建筑物中抛掷物品。从建筑物中抛掷物品或者从建筑物上坠落的物品造成他人损害的，由侵权人依法承担侵权责任；经调查难以确定具体侵权人的，除能够证明自己不是侵权人的外，由可能加害的建筑物使用人给予补偿。可能加害的建筑物使用人补偿后，有权向侵权人追偿。

物业服务企业等建筑物管理人应当采取必要的安全保障措施防止

前款规定情形的发生;未采取必要的安全保障措施的,应当依法承担未履行安全保障义务的侵权责任。

发生本条第一款规定的情形的,公安等机关应当依法及时调查,查清责任人。

根据2019年11月颁布的《最高人民法院关于依法妥善审理高空抛物、坠物案件的意见》,对于高空抛物行为,应当根据行为人的动机、抛物场所、抛掷物的情况以及造成的后果等因素,全面考量行为的社会危害程度,准确判断行为性质,正确适用罪名,准确裁量刑罚。故意从高空抛弃物品,尚未造成严重后果,但足以危害公共安全的,依照刑法第一百一十四条规定的以危险方法危害公共安全罪定罪处罚;致人重伤、死亡或者使公私财产遭受重大损失的,依照刑法第一百一十五条第一款的规定处罚。为伤害、杀害特定人员实施上述行为的,依照故意伤害罪、故意杀人罪定罪处罚。具有下列情形之一的,应当从重处罚,一般不得适用缓刑:(1)多次实施的;(2)经劝阻仍继续实施的;(3)受过刑事处罚或者行政处罚后又实施的;(4)在人员密集场所实施的;(5)其他情节严重的情形。

【案例6-1】行人不知被何人从建筑物中抛掷的物品砸伤,应找谁负责?

▶ **案情介绍** 2019年11月29日,一起高空抛物入刑案件在上海市闵行区人民法院宣判。该案系《最高人民法院关于依法妥善审理高空抛物、坠物案件的意见》发布以来,上海市首起涉高空抛物刑事案件。8月1日,蒋某为发泄情绪,将手机、平板电脑、水果刀等从14楼扔出窗外,砸落在楼下停放的三辆轿车上。经估价,被砸的三辆轿车物损合计人民币 4293 元。

　　法院审理后认为，蒋某的抛物行为虽未造成人身伤害或重大财产损失的严重后果，但足以危害公共安全，其行为已经构成以危险方法危害公共安全罪。考虑到蒋某具有自首、认罪认罚等情节，对于检察机关及辩护人关于减轻处罚、从宽处罚的意见，予以采纳。蒋某行为已对不特定人员的人身、财产构成严重威胁，不宜适用缓刑。最终法院一审判决被告人蒋某因以危险方法危害公共安全罪，被判处有期徒刑一年。

84 堆放物倒塌造成他人损害，什么情况下堆放人不承担责任？

　　《民法典》第一千二百五十五条、第一千二百五十六条规定，堆放物倒塌、滚落或者滑落造成他人损害，堆放人不能证明自己没有过错的，应当承担侵权责任。在公共道路上堆放、倾倒、遗撒妨碍通行的物品造成他人损害的，由行为人承担侵权责任。公共道路管理人不能证明已经尽到清理、防护、警示等义务的，应当承担相应的责任。

　　堆放物是指堆放在土地上或者其他地方的物品。堆放物须是非固定在其他物体上的，例如，建材场堆放的木料、原料等。倒塌，包括堆放物整体的倒塌和部分的脱落、坠落、滑落、滚落等。堆放物倒塌致害责任，是指由于堆放物倒塌，致使他人人身或财产遭受损害，堆放人不能证明其没有过错，推定堆放人存在过错，由堆放人对受害人人身和财产损失承担赔偿责任。

　　根据上述规定，堆放物倒塌损害责任属于过错推定责任，堆放人证明自己没有过错的情况下才不承担责任。否则，堆放人不能证明自己没有过错的，应当承担侵权责任。由于堆放物倒塌，致使他人人身和财产权利受到损害，堆放人不能举证证明其没有过错的，推定堆放人存在过错，由堆放人对受害人的人身损害和财产损失承担赔偿责任。

【案例6-2】堆放物倒塌造成他人人身损害，什么情况下堆放人不承担责任？

● 案情介绍　曾某自购一辆倾卸大货车从事货物运输，某日，曾某到吴某经营的货运场装运煤炭，当货车开至货场作业区内装煤时，曾某自行离开驾驶室在其车边的煤堆旁停留，后煤堆突然倒塌将曾某压伤，花费医疗费若干，曾某与吴某因为赔偿数额协商不成，发生争议，曾某将吴某诉至法院。

法院经审理认为，堆放物倒塌造成他人损害，堆放人不能证明自己没有过错的，应当承担侵权责任。本案中，吴某为经营者，对煤堆有妥善保管的义务，并且对所存在的可能垮塌的安全隐患有及时消除的义务，因此，吴某对本起事故承担主要责任。

85 行人被折断的林木砸伤，应当由谁负责？

《民法典》第一千二百五十七条规定，因林木折断、倾倒或者果实坠落造成他人损害，林木的所有人或者管理人不能证明自己没有过错的，应当承担侵权责任。可见，林木折断损害责任属于过错推定责任，林木所有人证明自己没有过错的情况下才不承担责任。否则，不能证明自己没有过错的，应当承担侵权责任。

第六章 物件损害责任

【案例 6-3】行人被折断的林木砸伤，应当由谁负责？

● 案情介绍 市民小宾驾驶一辆二轮摩托车搭着小梅由广东肇庆往梧州方向行驶。不料，路旁一棵大树突然从高空掉下，砸中了摩托车的前轮纱罩，导致摩托车倒地，小宾与小梅两人均受伤。事发后，小宾与小梅认为，这次事故的发生是由于公路林木的管理人（即公路局）没有认真履行对公路的养护职责，对事故中所掉下的树枝存在安全隐患没有及时发现并排除。因此，小宾和小梅向法院起诉，请求判决涉案公路局赔偿相应的医疗损失。

法院经审理查明，小宾驾驶摩托车在涉案公路局管养的道路上行驶，因路边行道林木的树枝折断坠落，造成小宾和小梅倒地受伤。因林木折断造成他人损害，林木的所有人或者管理人不能证明自己没有过错的，应当承担侵权责任。结合本案，涉案林木的树枝折断处大部分已经干枯，该树枝折断造成小宾和小梅受伤，涉案公路局系该林木的管理人，其在不能证明自己没有过错的情况下，应承担侵权责任。但小宾驾驶逾期未经检验合格的摩托车上路行驶，对损害的发生存在一定的过错。因此，法院判决涉案公路局赔偿小宾和小梅损失的85%，即84938.7元。

本案中，除非被告能够充分举证证明其对小宾和小梅的损害后果无任何过错，否则，就推定其存在过错，承担相应侵权责任。被告虽可以证明其履行了相应职责，但并没有做到排除其道路的全部安全隐患，被告应当预见其道路的树木过高过大有可能被大风吹折而没有事先做好维护，导致损害结果发生，应承担举证不能的后果，对小宾和小梅的损害应承担赔偿责任。

86 在公共场所或者道路上挖坑、修缮安装地下设施，没有采取安全措施致使行人受伤的，应由谁负责？

《民法典》第一千二百五十八条规定，在公共场所或者道路上挖掘、修缮安装地下设施等造成他人损害，施工人不能证明已经设置明显标志和采取安全措施的，应当承担侵权责任。

窨井等地下设施造成他人损害，管理人不能证明尽到管理职责的，应当承担侵权责任。

值得注意的是，施工人是否设置了明显标志和采取了安全措施，应以事故发生时的状态为准。如果施工人在施工开始时设置了明显标志和采取了安全措施，但其后这些标志和措施失灵或被破坏，因此造成损害的，施工人仍应承担民事责任；施工人承担民事责任后，有权向损坏标志和措施的第三人追偿。

【案例6-4】在公共场所或者道路上挖坑、修缮安装地下设施，没有采取安全措施致使行人受伤的，应由谁负责？

▶ 案情介绍 刘某驾驶某客运公司所有的大型卧铺客车行驶至沈阳环城高速东行29千米处，车辆向右侧翻到路外施工现场，造成其受伤，后经医院抢救无效死亡。本次交通事故经交警道路事故认定：刘某驾驶的大型卧铺客车，车辆向右侧翻到路外施工现场与施工现场未设置防护措施是否有关无法确认、大型卧铺客车侧翻到施工现场与损害后果是否有关无法确认，故此次事故成因无法查清。另查明，该大型卧铺客车登记所有人是某客运公司。刘某是被告某客运公司雇佣的司机，发生事故时是在履行职务行为。同时，大型卧铺客车侧翻的路

第六章　物件损害责任

外施工现场是由中铁某局承建的。该施工地段未设警示标志及防护措施。

　　法院经审理认为，在公共场所或者道路上挖坑、修缮安装地下设施等，没有设置明显标志和采取安全措施造成他人损害的，施工人应当承担侵权责任。依据该条款的规定，本案适用无过错原则，即举证责任在本案被告中铁某局。本案中，被告中铁某局沿道路边外施工挖沟，沟深达1.1米，既未设置警示标志、夜间照明设施，又未设置防护措施。被告中铁某局作为本次事故发生路段的承建单位，未尽到管理职责。法院最终判决：被告某客运公司赔偿原告刘某及赵某医疗费、精神抚慰金、丧葬费、死亡赔偿金、误工费、交通费、住宿费等的70%；被告中铁某局赔偿原告刘某、赵某精神抚慰金、丧葬费、死亡赔偿金、误工费、交通费、住宿费等的30%。

第七章　消费者篇

87 消费者因商品缺陷造成人身损害的，应当向谁索赔？

《消费者权益保护法》第四十条，消费者在购买、使用商品时，其合法权益受到损害的，可以向销售者要求赔偿。销售者赔偿后，属于生产者的责任或者属于向销售者提供商品的其他销售者的责任的，销售者有权向生产者或者其他销售者追偿。

商品缺陷，是指商品存在危及人身、他人财产安全的不合理危险。消费者或者其他受害人因商品缺陷造成人身、财产损害的，可以向销售者要求赔偿，也可以向生产者要求赔偿。属于生产者责任的，销售者赔偿后，有权向生产者追偿。属于销售者责任的，生产者赔偿后，有权向销售者追偿。消费者在接受服务时，其合法权益受到损害的，可以向服务者要求赔偿。

因此，消费者因所购买的商品存在缺陷，即存在危及人身他人财产安全的不合理的危险，或者不符合保障人体健康和人身、财产安全的国家标准或者行业标准的，消费者可以基于自身的便利或者赔偿主体的赔偿责任能力或者其他考虑，自主选择销售者或者生产者负责赔偿。消费者选择销售者负责赔偿的，销售者不得以该责任属于产品责任应当由生产者赔偿为由推卸赔偿义务。消费者选择生产者负责赔偿的，生产者除非证明其依法免责外，亦不得以属于销售者的责任为由拒绝履行赔偿义务。

88 因商品质量导致消费者伤亡的，如果消费者本身亦有过失，责任如何分配？

通常情况下，消费者在购买、使用商品或接受服务时，其合法权益受到损害的，应向提供商品或服务的经营者要求赔偿损失。然而，现实情况复杂多变，在个案中需要甄别消费者以及商品或服务提供者各自行为的后果。

【案例7-1】因商品质量导致消费者伤亡的，如果消费者本身亦有过失，责任如何分配？

➡ **案情介绍** 2017年3月，唐某在某建材经营部购买了一台"火艳山"烟道式热水器，价格480元，未购买排烟管，建材经营部购货单上载明"安装另计"。唐某购买后自行将热水器安装在其经营的饭店二楼隔间，但未安装排烟管。该空间较为封闭且不通风，在使用热水器过程中，唐某及案外人夏某因一氧化碳中毒死亡。夏某的继承人以侵权责任纠纷为由将该建材经营部诉至人民法院，该案最终经人民法院调解结案。而唐某的继承人以买卖合同纠纷为由将该建材经营部诉至人民法院，请求判令该建材经营部赔偿死亡赔偿金、丧葬费、被抚养人生活费等各项费用共计65万余元。

一审法院经审理认为，唐某非专业安装人员，建材经营部亦将热水器的安装及使用说明书交付了唐某。唐某自行安装热水器，疏忽大意，在较封闭的饭店二楼隔间未安装排烟管的情况下使用热水器，一氧化碳中毒死亡，应对自身死亡承担主要责任。

建材经营部在明知唐某未购买排烟管、自行安装的情况下，后续未监督唐某是否正确安装了热水器，违反了买卖合同附随义务，故应对唐某的死亡承担次要责任。

本案中，建材经营部作为热水器的销售者，不仅应提供符合质量要求的热水器，还应提供符合规范要求的安装服务，负有确保热水器正常使用并避免导致人身、财产损害的义务。因此，热水器售价的高低、使用及安装说明书的交付、消费者自愿放弃安装等因素并不能当然免除建材经营部的法定安装和监管义务。

案涉热水器虽系依据强制性国家标准生产出厂的合格产品，但在销售时，新的强制性国家标准已经实施，建材经营部作为热水器销售者，对自然排气式热水器不安装标准排烟管或者未按规定安装产生的危害应当是可以预见的，但建材经营部并未对死者唐某购买热水器后的自行安装行为进行监管或者检查。因此，建材经营部在本案买卖合同履行过程中存在违反合同义务的情形。

死者唐某购买案涉热水器时坚持要求不在建材经营部购买排烟管并自行安装，购买后将案涉热水器安装在密闭不透风的餐馆二楼隔间，且未另行购买标准排烟管并进行打孔安装，故应对自身死亡承担主要责任，某建材经营部承担次要责任。法院在自由裁量权的范围内认定唐某承担70%的责任，某建材经营部承担30%的责任并无不当。

89 使用他人营业执照的违法经营者造成消费者损害的，消费者应向谁要求赔偿？

营业执照是工商行政部门依法核发的，证明从事经营活动的法人组织或个人具有合法经营权的凭证。依法取得经营权凭证的经营者，即为营业执照的持有人。根据我国企业登记管理法规的规定，营业执照只能由营业执照的持有人持有和使用，不能出租、出借或转让他人使用。《消费者权益保护法》第四十二条规定，使用他人营业执照的违法经营者提供商品或者服务，损害消费者合法权益的，消费者可以向其要求赔偿，也可以向营业执照的持有人要求赔偿。

可见，对于出租、出借或转让营业执照让他人进行营业活动或者使用他人营业执照从事经营活动，给消费者造成损害的，营业执照持有人和违法经营者都负有赔偿责任。其合法权益受到损害的消费者，可以自由选择营业执照持有人或者违法经营者承担赔偿责任。

【案例 7-2】使用他人营业执照的违法经营者造成消费者损害的，消费者应向谁要求赔偿？

● 案情介绍 张女士接到某美容院的推销电话声称可以为其优惠办理美容业务，张女士到该院做了体验服务，美容院向张女士推荐了一种美容产品，双方签订了美容服务协议书，承诺无效退款。张女士使用该美容产品后产生严重的过敏反应。张女士在医院进行了治疗，并要求该店按照协议约定退回款项，并赔偿医疗费用。但美容院现在经营的老板称该店是她新接手的，营业执照的名字还是登记前任老板的，张女士应该去找前任老板，其对此不负责。张女士遂将现任经营老板起诉至法庭。

法院经审理认为，美容院现任老板是实际经营者，也是侵害消费者权益的真正行为人；前任老板是营业执照的登记人，是消费关系中的名义经营者。当营业执照登记人与实际经营者不一致时，为保护消费者的合法权益，方便消费者主张权利，消费者可以向营业执照的持有人要求赔偿，也可以向营业执照的实际使用人要求赔偿。据此，由于张女士选择了向美容院的现任老板主张权利，要求退款，美容院的现任老板应当按照协议切实履行义务，不能拒绝推诿。因此，现任美容院经营者应当退还收取的张女士的费用，并赔偿张女士去医院治疗的费用。

消费者在维护权益时向谁索赔可以自行选择。当消费者的权益受到侵害或产生消费者权益纠纷时，为避免违法使用他人营业执照的经营者与营业执照的持有人相互推诿、逃避法律责任，消费者既可以依法向违法履行义务或不当履行义务的经营者要求赔偿，又可以向营业执照的持有人要求赔偿。消费者向其中任何一方要求损害赔偿，其必须履行。

90 消费者在展销会、租赁柜台购买商品或接受服务受到人身损害的，展销会结束或者柜台租赁期满后可以要求谁赔偿？

对此，《消费者权益保护法》第四十三条规定，消费者在展销会、租赁柜台购买商品或者接受服务，其合法权益受到损害的，可以向销售者或者服务者要求赔偿。展销会结束或者柜台租赁期满后，也可以向展销会的举办者、柜台的出租者要求赔偿。展销会的举办者、柜台的出租者赔偿后，有权向销售者或者服务者追偿。

所谓"展销会"，是指由一个或者多个主办单位发起，在一定的地点和一定的期限内，召集众多参展单位来展示、销售其商品或者提供服务的活动。所谓"租赁柜台"，是指商家或者柜台的所有者，将其柜台在一定期间出租给个人或者单位经营，由其收取租金的活动。消费者在展销会结束之前或者从商店的租赁柜台购买商品或者接受服务，其所应当享有的人身健康或者财产安全等合法权益受到损害时，消费者首先应当直接向销售者或者服务者提出赔偿要求，要求其承担因不合格商品或者低劣服务所造成的相应损失。展销会结束或者柜台租赁期满后，也可以向展销会的举办者、柜台的出租者要求赔偿。

展销会和租赁柜台都有一个共同的特点，即都有一定的时间期限。在展销会结束或者柜台租赁期满后，作为消费者很难再找到参展单位或者柜台租赁者，这样就必然会给消费者在发现合法权益受到损害要求索赔时，带来诸多困难。根据《消费者权益保护法》第四十三条的规定，在展销会结束或者因柜台租赁期满柜台租赁者退租后，消费者有权要求展销会的举办者或柜台的出租者赔偿，展销会的举办者或柜台出租者不得以由商品的销售者或者服务的提供者承担赔偿责任为由加以拒绝。展销会的举办者、柜台的出租者赔偿后，有权向销售者或者服务者追偿。展销会的举办者、柜台的出租者在向消费者先行赔付后，其有权向商品的销售者或者服务的提供者进行追偿，要求商品的销售者或者服务的提供者承担其先行赔付的损失。

91 产品经营者对产品进行虚假宣传,是否应当对消费者的人身损害承担责任?

销售企业或经销商的虚假宣传行为与消费者延误治疗是否具有关联,以及与消费者死亡是否存在因果关系及参与度如何确定,应由死者近亲属承担相应举证责任。如当事人未能提供证据或者证据不足以证明其事实主张的,依法由负有举证证明责任的当事人承担不利的后果。

根据《消费者权益保护法》第五十五条规定,经营者提供商品或者服务有欺诈行为的,应当按照消费者的要求增加赔偿其受到的损失,增加赔偿的金额为消费者购买商品的价款或者接受服务的费用的三倍;增加赔偿的金额不足五百元的,为五百元。法律另有规定的,依照其规定。经营者明知商品或者服务存在缺陷,仍然向消费者提供,造成消费者或者其他受害人死亡或者健康严重损害的,受害人有权要求经营者依照本法第四十九条、第五十一条等法律规定赔偿损失,并有权要求所受损失二倍以下的惩罚性赔偿。

【案例7-3】产品经营者对产品进行虚假宣传,是否应当对消费者的人身损害承担责任?

> **案情介绍** 苏某在体检时发现疑似恶性肿瘤肿块,但并未继续检查。之后,苏某遇到经营保健产品的周某,轻信保健产品对其体内肿块具有治疗作用,遂通过周某购买服用。2011年8月,苏某自觉病情加重,遂到医院经手术治疗得以好转。但是2012年病情再次恶化,2013年1月5日死亡。苏某家属认为苏某是服用了周某销售的保健品导致最终死亡,该产品宣传资料暗示有抗肿瘤等药理作用。苏某家属

将周某、保健品生产者和经营者告上法庭,请求法院判令三被告连带赔偿双倍货款10.162万元;医药费、精神损害抚慰金等共计70万元。

法院经审理认为,周某推销保健品时提供的大量宣传资料与图册与其说明书载明功效不一,周某在明知的情况下仍采取上述方式推销已构成虚假宣传行为。但周某的虚假宣传行为与苏某死亡无因果关系。该案纠纷性质为虚假广告宣传引发的财产损失赔偿纠纷,与产品缺陷造成的人身权益和财产损害赔偿纠纷的性质不一样,苏某家属主张周某等被告承担给付精神损害抚慰金的民事责任,没有事实依据和法律依据。因此,法院根据该案发生期间实施的原消费者权益保护法相关规定,判令三被告按二倍货款赔偿苏某家属经济损失99520元。

92 消费者通过网络交易平台购买商品或者接受服务受到损害的,能否要求网络交易平台提供者赔偿或要求其与经营者或服务者承担连带责任?

《消费者权益保护法》第四十四条第一款规定,消费者通过网络交易平台购买商品或者接受服务,其合法权益受到损害的,可以向销售者或者服务者要求赔偿。网络交易平台提供者不能提供销售者或者服务者的真实名称、地址和有效联系方式的,消费者也可以向网络交易平台提供者要求赔偿;网络交易平台提供者作出更有利于消费者的承诺的,应当履行承诺。网络交易平台提供者赔偿后,有权向销售者或者服务者追偿。

根据上述规定,网络交易平台提供者对利用其网络平台出售商品和提供服务的经营者的真实名称、地址和有效联系方式,有向消费者负责提供的义务,消费者通过网络交易平台购买商品或者接受服务,其合法权益受到损害的，网络交易平台提供者不能提供销售者或者服务者的真实名称、地址和有效联系方式的，消费者有权向网络交易平台提供者要求赔偿。网络交易平台提供者对消费者利用其平台购买商品或者接受服务，作出更有利于消费者的承诺的，其负有履行承诺的义务。网络平台提供者不能履行其承诺的，消费者有权要求其承担相应的法律责任。

《消费者权益保护法》第四十四条第二款规定，网络交易平台提供者明知或者应知销售者或者服务者利用其平台侵害消费者合法权益，未采取必要措施的，依法与该销售者或者服务者承担连带责任。据此，网络交易平台提供者对其明知或者应知销售者或者服务者利用其平台侵害消费者合法权益的行为，负有采取必要措施加以制止或者取缔等义务，其明知或者应知利用其网络交易平台出售商品或提供服务的销售者或者服务者侵害消费者合法权益，未采取必要措施的，消费者有权依法要求其与该销售者或者服务者承担连带责任。

93 经营者提供商品或者服务，造成消费者或者其他受害人人身伤害的，应当赔偿的范围包括哪些？

根据《消费者权益保护法》第四十九条规定，经营者提供商品或服务，造成消费者或者其他受害人人身伤害的，应当赔偿的范围包括：

（1）医疗费、护理费、交通费等为治疗和康复支出的合理费用。根据《人身损害赔偿司法解释》的规定，医疗费的赔偿数额包括实际发生的数额以及器官功能恢复训练所必要的康复费、适当的整容费以及其他后续治疗费。护理费根据护理人员的收入状况和护理人数、护理期限确定。交通费根据受害人及其必要的陪护人员因就医或者转院治疗实际发生的费用计算。

（2）因误工减少的收入。误工费根据受害人的误工时间和收入状况确定。受害人有固定收入的，误工费按照实际减少的收入计算。受害人无固定收入的，按照其最近三年的平均收入计算；受害人不能举证证明其最近三年的平均收入状况的，可以参照受诉法院所在地相同或者相近行业上一年度职工的平均工资计算。

（3）造成残疾的，还应当赔偿残疾生活辅助器具费和残疾赔偿金。残疾赔偿金根据受害人丧失劳动能力程度或者伤残等级，按照受诉法院所在地上一年度城镇居民人均可支配收入或者农村居民人均纯收入标准，自定残之日起按20年计算。但60周岁以上的，年龄每增加1岁减少1年；75周岁以上的，按5年计算。残疾辅助器具费按照普通适用器具的合理费用标准计算。伤情有特殊需要的，可以参照辅助器具配制机构的意见确定相应的合理费用标准。

（4）造成死亡的，还应当赔偿丧葬费和死亡赔偿金。丧葬费按照受诉法院所在地上一年度职工月平均工资标准，以6个月总额计算。死亡赔偿金按照受诉法院所在地上一年度城镇居民人均可支配收入或者农村居民人均纯收入标准，按20年计算。但60周岁以上的，年龄每增加1岁减少1年；75周岁以上的，按5年计算。

94 食品致人身伤害，受害人可以要求精神损害赔偿吗？

《消费者权益保护法》第四十九条规定，经营者提供商品或者服务，造成消费者或者其他受害人人身伤害的，应当赔偿医疗费、护理费、交通费等为治疗和康复支出的合理费用，以及因误工减少的收入。造成残疾的，还应当赔偿残疾生活辅助具费和残疾赔偿金。造成死亡的，还应当赔偿丧葬费和死亡赔偿金。第五十一条规定，经营者有侮辱诽谤、搜查身体、侵犯人身自由等侵害消费者或者其他受害人人身权益的行为，造成严重精神损害的，受害人可以要求精神损害赔偿。

根据上述规定，经营者对购买商品或接受服务的消费者或其他有关人员，以有损其人格尊严的言行侮辱，或者故意捏造并散布虚构的事实进行诽谤，或者以物品或其他财物丢失为由进行搜查身体，或者限制其人身自由等侵害人身权益行为，并造成严重精神损害的，受害人有权要求经营者承担精神损害赔偿。

【案例7-4】食品致人身伤害，是否可以要求精神损害赔偿吗？

> **案情介绍** 小李和小魏买了蛋糕庆祝结婚纪念日。可是在吃完蛋糕之后二人都非常不舒服，于是去医院就诊。经检查诊断，医生认为是他们吃的蛋糕有问题引起的。小魏想起诉该蛋糕店，赔偿自己的医疗费，并要求该蛋糕店赔偿精神损失。她的这种做法对吗？

根据《消费者权益保护法》第四十九条的规定，经营者提供商品或者服务，造成消费者或者其他受害人人身伤害的，应当赔偿医疗费、护理费、交通费等为治疗和康复支出的合理费用，以及因误工减少的收入。在本案中，蛋糕店出售的蛋糕不符合食品安全标准，造成小魏和小李人身伤害，他们依法可以要求蛋糕店赔偿医疗费和因误工减少的收入等损失。此外，根据该法第五十五条的规定，经营者明知商品或者服务存在缺陷，仍然向消费者提供，造成消费者或者其他受害人死亡或者健康严重损害的，受害人有权要求经营者依照本法第四十九条、第五十一条等法律规定赔偿损失，并有权要求所受损失二倍以下的惩罚性赔偿。所以，若该蛋糕店明知蛋糕存在缺陷仍出售，则小魏和小李有权要求所受损失二倍以下的惩罚性赔偿，但是不能要求精神赔偿。

95 消费者在经营场所因第三人原因遭受的人身伤害，是否能要求经营者赔偿？

《消费者权益保护法》第七条规定，消费者在购买、使用商品和接受服务时享有人身、财产安全不受损害的权利。消费者有权要求经营者提供的商品和服务，符合保障人身、财产安全的要求。《民法典》第一千一百九十八条明确规定，宾馆、商场、银行、车站、机场、体育场馆、娱乐场所等经营场所、公共场所的经营者、管理人或者群众性活动的组织者，未尽到安全保障义务，造成他人损害的，应当承担侵权责任。因第三人的行为造成他人损害的，由第三人承担侵权责任；经营者、管理者或者组织者未尽到安全保障义务的，承担相应的补充责任。

根据上述规定，在公共场所，因第三人导致消费者遭受人身损害的，第三人应当承担赔偿责任，但是公共场所管理人或组织者无法举证证明已经尽到安全保障义务的，应当承担相应的补充责任。

【案例7-5】消费者在经营场所因第三人原因遭受的人身伤害，是否能要求经营者赔偿？

◯ 案情介绍　陈奶奶带着不满3岁的小孙女在某超市一楼游乐场玩耍，孩子玩得正尽兴时，突然被从天而降的饮料瓶砸到了头。陈奶奶发现饮料瓶是超市楼上一位小男孩扔下来的。起初以为小孙女伤得不重，陈奶奶也未追究。回家后，陈奶奶发现小孙女哭闹不止，便前往医院就诊。经医生诊断，孩子右中耳积水并有轻微脑震荡。治疗一段时间后，孩子仍时常烦躁不安。陈奶奶的儿子便找到超市负责人，要求超市赔偿其女儿医药费及精神损失费等，但超市声称因伤人者并非本单位职工，所以不需要承担责任，让陈奶奶一家自己想办法找伤人者索赔。

在本案中，陈奶奶的小孙女是被超市的其他消费者的孩子砸伤的，陈奶奶的儿子有权要求扔饮料瓶的孩子的法定监护人承担主要侵权责任；超市作为公共场所的管理人，因未尽到安全保障义务，在直接责任人不能全部赔偿，或者不能赔偿的时候，应当承担相应的补充责任。

96 餐厅提供的儿童餐椅有质量问题导致消费者人身伤害的，赔偿责任应如何承担？

根据《民法典》第一千一百九十八条规定，宾馆、商场、银行、车站、机场、体育场馆、娱乐场所等经营场所、公共场所的经营者、管理者或者群众性活动的组织者，未尽到安全保障义务，造成他人损害的，应当承担侵权责任。

【案例7-6】餐厅提供的儿童餐椅有质量问题导致消费者人身伤害的，赔偿责任应如何承担？

▶ 案情介绍 西陵区法院收到诉状，靳先生一家在刘姐私房菜饭馆就餐，席间将女儿（2015年出生）放入被告提供的儿童餐椅，因儿童餐椅的螺丝松动，导致其摔伤右上肢，随即被送入宜昌市中心人民医院住院治疗，经诊断为右侧肱骨髁上骨折。靳先生为维护自身合法权益，特诉至法院。

法院根据双方提供的当日点菜单、派出所《接处警登记表》、当日的就诊记录、包间现场视频等相关证据可以形成证据链，证实靳先生的女儿在餐厅经营场所内摔倒的事实。餐厅不能证明当日提供的儿童餐椅不存在螺丝松动的安全隐患，故应就靳先生女儿摔伤的损害后果承担一定的侵权赔偿责任。但是，靳先生女儿受伤时仅为1岁8个月的无民事行为能力人，其摔倒时并未系安全带，说明靳先生作为监护人未对自己女儿的安全尽到足够注意义务，故靳先生对自己女儿的损伤后果也应承担责任。根据赔偿明细，判令刘姐私房菜饭馆赔偿靳先生女儿医疗费、护理费、营养费、残疾赔偿金等共计24433.29元。

97 因销售者的赠品质量问题导致人身损害，销售者是否承担赔偿责任？

根据《民法典》第六百六十二条规定，赠与的财产有瑕疵的，赠与人不承担责任。附义务的赠与，赠与的财产有瑕疵的，赠与人在附义务的限度内承担与出卖人相同的责任。《消费者权益保护法》第二十三条规定，经营者应当保证在正常使用商品或者接受服务的情况下其提供的商品或者服务应当具有的质量、性能、用途和有效期限；但消费者在购买该商品或者接受该服务前已经知道其存在瑕疵，且存在该瑕疵不违反法律强制性规定的除外。《零售商促销行为管理办法》第十二条，零售商开展促销活动，不得降低促销商品（包括有奖销售的奖品、赠品）的质量和售后服务水平，不得将质量不合格的物品作为奖品、赠品。

因此，经营者在做活动或者促销的时候，对提供给消费者的赠品也要依法承担三包责任，造成消费者人身损害的，并不能因为是赠与而免除相关法律责任。

98 销售者员工在工作过程中，因所销售产品质量问题受伤，人身损害赔偿责任应当由哪一方承担？

根据《产品质量法》和《民事诉讼法》的相关规定，因产品存在的缺陷致人身损害的，生产者、销售者应承担无过错责任，受害人无须证明生产者有过错。只要发生了损害事实，生产厂家与销售者均应承担赔偿责任，而且受害人无须提供证据证明该产品质量的情况。但是，如果此次事故中造成损害的产品已经超过产品上标明的安全使用期限的，生产厂家和销售商就不再承担质量责任。

另外一种解决方式，受伤员工与商场之间存在劳动关系，商场应当为自己的员工提供一个安全的工作环境。员工在工作期间因工作的原因受到的伤害属于工伤的范畴。因此，员工也可根据工伤的有关规定进行维权。

【案例7-7】销售者员工在工作过程中，因所销售产品质量问题受伤，人身损害赔偿责任应当由哪一方承担？

● 案情介绍　某商场家电部一员工在布置展台时，一通电的取暖器石英管突然爆炸，致其受伤。后查明事故原因是由于产品的生产厂家不慎将几台质检不合格的商品包装出厂，受害人在使用中不存在任何问题。

本案中，商场员工受伤的直接原因系取暖器质量不合格，根据《产品质量法》的有关规定，产品应经检验合格以后方可进入流通领域，产品检验不合格即销售，生产厂家和销售商均存在一定的过错，生产厂家承担质量责任，销售商因为进货时检验不严格，销售劣质商品也有一定的过错，也应承担一定的责任。因此商场员工受伤的事情应由生产厂家和销售商共同承担责任。在责任承担后，如果属于产品的生产者的责任，产品的销售者赔偿的，产品的销售者有权向产品的生产者追偿；属于产品的销售者的责任，产品的生产者赔偿的，产品的生产者有权向产品的销售者追偿。

99 消费者到游乐场所游玩受伤的，游乐场经营未尽到注意义务，应承担什么责任？

根据《消费者权益保护法》第十八条规定，经营者应当保证其提供的商品或者服务符合保障人身、财产安全的要求。对可能危及人身、财产安全的商品和服务，应当向消费者作出真实的说明和明确的警示，并说明和标明正确使用商品或者接受服务的方法以及防止危害发生的方法。宾馆、商场、餐馆、银行、机场、车站、港口、影剧院等经营场所的经营者，应当对消费者尽到安全保障义务。此外，《民法典》也规定宾馆、商场、银行、车站、娱乐场所等公共场所的管理人或者群众性活动的组织者，未尽到安全保障义务的，造成他人损害的，应当承担侵权责任。

根据上述规定，娱乐场所等经营承场所在人身损害事故发生时，应当举证证明自身已经尽到安全保障义务，否则应当对消费者的人身损害后果承担赔偿责任。

【案例 7-8】消费者到游乐场所游玩受伤的,游乐场经营未尽到注意义务,应承担什么责任?

▶ **案情介绍** 2016年5月22日,5岁的小玲在姑父的带领下,来到东海某商场内的儿童乐园玩耍。因是儿童游乐场,小玲的姑父未能陪同进入乐园。然而,小玲在玩耍过程不慎摔伤至骨折。随后,小玲被立即送往医院治疗,最后医院确诊其右肱骨髁上骨折。因受伤,小玲住院13天。据了解,该广场三楼4号的七彩儿童乐园是由被告人白某承租经营的,出租人为该广场经营管理有限公司。该公司于2013年12月5日与白某签订租赁合同,合同约定:被告白某租被告公司的商场铺位,用以经营儿童游乐项目,接受并服从管理公司的统一经营管理,租赁期限自2013年12月18日至2016年12月17日。原告认为,孩子受伤是因游乐园工作人员的疏忽大意导致的,协商赔偿无果,于是将白某、广场经营管理有限公司起诉至法院。

法院审理认为,根据消费者权益保护法相关规定,公共场所的管理人未尽到安全保障义务,造成他人损害的,应当承担损害赔偿责任。本案中,七彩城儿童乐园的登记经营者白某,以及负责收银并从营业额中享有利益的被告公司,均系七彩城儿童乐园的管理人,对在儿童乐园内玩耍的原告小玲负有安全保障义务,现因该儿童乐园未能及时清理园内地面上存在安全隐患的物体,致原告小玲在玩耍过程中不慎摔伤,被告公司、白某未尽到安全保障义务,应对原告小玲的损失承担连带赔偿责任。因此,法院判决被告广场管理有限公司、被告白某于本判决生效后10日内连带赔偿原告小玲各项损失共计22188元。

100 在自助银行内发生人身损害,责任如何承担?

银行作为给消费者提供金融产品与服务的公共场所,对消费者负有安全保障义务,须保护消费者在金融营业场所内的人身、财产免受侵害。但在实际生活中,银行网点的安全隐患问题偶有发生,在24小时无人自助银行发生人身损害事件的,可能会涉及公共场所管理、未成年人保护、第三方责任等,案情相对复杂。

【案例7-9】小孩在自助银行内摔倒,责任如何承担?

> 案情介绍 几个未成年小孩在小区门口玩耍,其中一个小孩带领其他小孩进入了小区门口一家自助银行玩耍。该自助银行内除了自助机具外,还放置了一块广告立牌,孩子们围绕广告立牌开始做游戏。在玩耍的过程中,其中一个小孩躲藏在广告立牌的后方,并试图转圈不被其他小孩发现,但是玩耍中一不小心将广告牌推倒,不幸砸到另一小孩,小孩脚部被砸伤,后送医院治疗。小孩受伤后,其家属将银行诉至法院,要求该银行承担责任,并对小孩致伤做出相应经济赔偿。

法院经审理认为,银行方、推倒广告牌小孩一方、被砸伤小孩一方均有一定的过失,三方应分担责任。在本案中,银行未尽到安全保障义务并造成他人损害,应当承担侵权责任,同时作为特定场所的管理人,银行承担了大部分约60%的主要责任;推倒广告牌的小孩一方,由于其行为直接造成了他人损害,也为其伤害行为承担了约10%的责任;被砸伤的小孩一方,其家长作为监护人,没有尽到监护义务,承担了剩下约30%的责任。

101 免费送货属于买卖合同的从给付义务,发生交通事故,客户需要支付送货人员的人身损害赔偿吗?

免费送货属于买卖合同的从给付义务。商家在送货归途中发生交通事故,不适用义务帮工法律关系,客户不应承担赔偿责任。

【案例 7-10】免费送货属于买卖合同的从给付义务,发生交通事故,客户需要支付送货人员的人身损害赔偿吗?

> **案情介绍** 刘张在县城李某开办的鸿运家电门市购买洗衣机、冰柜、空调三件商品后,李某按照事先的约定,免费用汽车将这些家电运送到张某家中。当日 12 时左右,李某在返回县城途中,由于汽车刹车失灵发生交通事故,造成左腿胫腓骨粉碎性骨折,其伤情经司法鉴定构成十级伤残。李某出院后,在多次要求张某赔偿部分损失无果的情况下,以其与张某之间形成帮工关系为由,将张某诉至人民法院,要求张某赔偿其医疗费、误工费、护理费、住院伙食补助费、营养费和精神抚慰金共计 1.7 万元。

人民法院经审理认为,被告张某在原告李某开办的家电门市购买家电商品,双方之间已形成了买卖合同关系。原告李某对其家电门市所有商品做出的免费送货的承诺,属于家电买卖合同的从给付义务。因此,本案不适用义务帮工的法律关系,法院判决如下:驳回原告李某的诉讼请求。

附录：相关法律法规

附录 A 中华人民共和国民法典
（选录 侵权责任编部分）

时 效 性：现行有效
发布部门：全国人民代表大会
发文字号：中华人民共和国主席令第 45 号
发布日期：2020 年 05 月 28 日
实施日期：2021 年 01 月 01 日

第七编 侵权责任

第一章 一般规定

第一千一百六十四条 本编调整因侵害民事权益产生的民事关系。

第一千一百六十五条 行为人因过错侵害他人民事权益造成损害的，应当承担侵权责任。

依照法律规定推定行为人有过错，其不能证明自己没有过错的，应当承担侵权责任。

第一千一百六十六条　行为人造成他人民事权益损害，不论行为人有无过错，法律规定应当承担侵权责任的，依照其规定。

第一千一百六十七条　侵权行为危及他人人身、财产安全的，被侵权人有权请求侵权人承担停止侵害、排除妨碍、消除危险等侵权责任。

第一千一百六十八条　二人以上共同实施侵权行为，造成他人损害的，应当承担连带责任。

第一千一百六十九条　教唆、帮助他人实施侵权行为的，应当与行为人承担连带责任。

教唆、帮助无民事行为能力人、限制民事行为能力人实施侵权行为的，应当承担侵权责任；该无民事行为能力人、限制民事行为能力人的监护人未尽到监护职责的，应当承担相应的责任。

第一千一百七十条　二人以上实施危及他人人身、财产安全的行为，其中一人或者数人的行为造成他人损害，能够确定具体侵权人的，由侵权人承担责任；不能确定具体侵权人的，行为人承担连带责任。

第一千一百七十一条　二人以上分别实施侵权行为造成同一损害，每个人的侵权行为都足以造成全部损害的，行为人承担连带责任。

第一千一百七十二条　二人以上分别实施侵权行为造成同一损害，能够确定责任大小的，各自承担相应的责任；难以确定责任大小的，平均承担责任。

第一千一百七十三条　被侵权人对同一损害的发生或者扩大有过错的，可以减轻侵权人的责任。

第一千一百七十四条　损害是因受害人故意造成的，行为人不承担责任。

第一千一百七十五条　损害是因第三人造成的，第三人应当承担侵权责任。

第一千一百七十六条　自愿参加具有一定风险的文体活动，因其他参加者的行为受到损害的，受害人不得请求其他参加者承担侵权责任；但是，其他参加者对损害的发生有故意或者重大过失的除外。

活动组织者的责任适用本法第一千一百九十八条至第一千二百零一条的规定。

第一千一百七十七条　合法权益受到侵害，情况紧迫且不能及时获得国家机关保护，不立即采取措施将使其合法权益受到难以弥补的损害的，受害人可以在保护自己合法权益的必要范围内采取扣留侵权人的财物等合理措施；但是，应当立即请求有关国家机关处理。

受害人采取的措施不当造成他人损害的，应当承担侵权责任。

第一千一百七十八条　本法和其他法律对不承担责任或者减轻责任的情形另有规定的，依照其规定。

第二章　损害赔偿

第一千一百七十九条　侵害他人造成人身损害的，应当赔偿医疗费、护理费、交通费、营养费、住院伙食补助费等为治疗和康复支出的合理费用，以及因误工减少的收入。造成残疾的，还应当赔偿辅助器具费和残疾赔偿金；造成死亡的，还应当赔偿丧葬费和死亡赔偿金。

第一千一百八十条　因同一侵权行为造成多人死亡的，可以以相同数额确定死亡赔偿金。

第一千一百八十一条　被侵权人死亡的，其近亲属有权请求侵权人承担侵权责任。被侵权人为组织，该组织分立、合并的，承继权利的组织有权请求侵权人承担侵权责任。

被侵权人死亡的，支付被侵权人医疗费、丧葬费等合理费用的人有权请求侵权人赔偿费用，但是侵权人已经支付该费用的除外。

第一千一百八十二条　侵害他人人身权益造成财产损失的，按照被侵权人因此受到的损失或者侵权人因此获得的利益赔偿；被侵权人因此受到的损失以及侵权人因此获得的利益难以确定，被侵权人和侵权人就赔偿数额协商不一致，向人民法院提起诉讼的，由人民法院根据实际情况确定赔偿数额。

第一千一百八十三条　侵害自然人人身权益造成严重精神损害的，被侵权人有权请求精神损害赔偿。

因故意或者重大过失侵害自然人具有人身意义的特定物造成严重精神损害的，被侵权人有权请求精神损害赔偿。

第一千一百八十四条　侵害他人财产的，财产损失按照损失发生时的市场价格或者其他合理方式计算。

第一千一百八十五条　故意侵害他人知识产权，情节严重的，被侵权人有权请求相应的惩罚性赔偿。

第一千一百八十六条　受害人和行为人对损害的发生都没有过错的，依照法律的规定由双方分担损失。

第一千一百八十七条　损害发生后，当事人可以协商赔偿费用的支付方式。协商不一致的，赔偿费用应当一次性支付；一次性支付确有困难的，可以分期支付，但是被侵权人有权请求提供相应的担保。

第三章　责任主体的特殊规定

第一千一百八十八条　无民事行为能力人、限制民事行为能力人造成他人损害的，由监护人承担侵权责任。监护人尽到监护职责的，可以减轻其侵权责任。

有财产的无民事行为能力人、限制民事行为能力人造成他人损害的，从本人财产中支付赔偿费用；不足部分，由监护人赔偿。

第一千一百八十九条　无民事行为能力人、限制民事行为能力人造成他人损害，监护人将监护职责委托给他人的，监护人应当承担侵权责任；受托人有过错的，承担相应的责任。

第一千一百九十条　完全民事行为能力人对自己的行为暂时没有意识或者失去控制造成他人损害有过错的，应当承担侵权责任；没有过错的，根据行为人的经济状况对受害人适当补偿。

完全民事行为能力人因醉酒、滥用麻醉药品或者精神药品对自己的行为暂时没有意识或者失去控制造成他人损害的，应当承担侵权责任。

第一千一百九十一条　用人单位的工作人员因执行工作任务造成他人损害的，由用人单位承担侵权责任。用人单位承担侵权责任后，可以向有故意或者重大过失的工作人员追偿。

劳务派遣期间，被派遣的工作人员因执行工作任务造成他人损害的，由接受劳务派遣的用工单位承担侵权责任；劳务派遣单位有过错的，承担相应的责任。

第一千一百九十二条　个人之间形成劳务关系，提供劳务一方因劳务造成他人损害的，由接受劳务一方承担侵权责任。接受劳务一方承担侵权责任后，可以向有故意或者重大过失的提供劳务一方追偿。提供劳务一方因劳务受到损害的，根据双方各自的过错承担相应的责任。

提供劳务期间，因第三人的行为造成提供劳务一方损害的，提供劳务一方有权请求第三人承担侵权责任，也有权请求接受劳务一方给予补偿。接受劳务一方补偿后，可以向第三人追偿。

第一千一百九十三条　承揽人在完成工作过程中造成第三人损害或者自己损害的，定作人不承担侵权责任。但是，定作人对定作、指示或者选任有过错的，应当承担相应的责任。

第一千一百九十四条　网络用户、网络服务提供者利用网络侵害他人民事权益的，应当承担侵权责任。法律另有规定的，依照其规定。

第一千一百九十五条　网络用户利用网络服务实施侵权行为的，权利人有权通知网络服务提供者采取删除、屏蔽、断开链接等必要措施。通知应当包括构成侵权的初步证据及权利人的真实身份信息。

网络服务提供者接到通知后，应当及时将该通知转送相关网络用户，并根据构成侵权的初步证据和服务类型采取必要措施；未及时采取必要措施的，对损害的扩大部分与该网络用户承担连带责任。

权利人因错误通知造成网络用户或者网络服务提供者损害的，应当承担侵权责任。法律另有规定的，依照其规定。

第一千一百九十六条　网络用户接到转送的通知后，可以向网络服务提供者提交不存在侵权行为的声明。声明应当包括不存在侵权行为的初步证据及网络用户的真实身份信息。

网络服务提供者接到声明后，应当将该声明转送发出通知的权利人，并告知其可以向有关部门投诉或者向人民法院提起诉讼。网络服务提供者在转送声明到达权利人后的合理期限内，未收到权利人已经投诉或者提起诉讼通知的，应当及时终止所采取的措施。

第一千一百九十七条　网络服务提供者知道或者应当知道网络用户利用其网络服务侵害他人民事权益，未采取必要措施的，与该网络用户承担连带责任。

第一千一百九十八条　宾馆、商场、银行、车站、机场、体育场馆、娱乐场所等经营场所、公共场所的经营者、管理者或者群众性活动的组织者，未尽到安全保障义务，造成他人损害的，应当承担侵权责任。

因第三人的行为造成他人损害的，由第三人承担侵权责任；经营者、管理者或者组织者未尽到安全保障义务的，承担相应的补充责任。经营者、管理者或者组织者承担补充责任后，可以向第三人追偿。

第一千一百九十九条　无民事行为能力人在幼儿园、学校或者其他教育机构学习、生活期间受到人身损害的，幼儿园、学校或者其他教育机构应当承担侵权责任；但是，能够证明尽到教育、管理职责的，不承担侵权责任。

第一千二百条　限制民事行为能力人在学校或者其他教育机构学习、生活期间受到人身损害，学校或者其他教育机构未尽到教育、管理职责的，应当承担侵权责任。

第一千二百零一条　无民事行为能力人或者限制民事行为能力人在幼儿园、学校或者其他教育机构学习、生活期间，受到幼儿园、学校或者其他教育机构以外的第三人人身损害的，由第三人承担侵权责任；幼儿园、学校或者其他教育机构未尽到管理职责的，承担相应的补充责任。幼儿园、学校或者其他教育机构承担补充责任后，可以向第三人追偿。

第四章　产品责任

第一千二百零二条　因产品存在缺陷造成他人损害的，生产者应当承担侵权责任。

第一千二百零三条　因产品存在缺陷造成他人损害的，被侵权人可以向产品的生产者请求赔偿，也可以向产品的销售者请求赔偿。

产品缺陷由生产者造成的，销售者赔偿后，有权向生产者追偿。因销售者的过错使产品存在缺陷的，生产者赔偿后，有权向销售者追偿。

第一千二百零四条　因运输者、仓储者等第三人的过错使产品存在缺陷，造成他人损害的，产品的生产者、销售者赔偿后，有权向第三人追偿。

第一千二百零五条　因产品缺陷危及他人人身、财产安全的，被侵权人有权请求生产者、销售者承担停止侵害、排除妨碍、消除危险等侵权责任。

第一千二百零六条　产品投入流通后发现存在缺陷的，生产者、销售者应当及时采取停止销售、警示、召回等补救措施；未及时采取补救措施或者补救措施不力造成损害扩大的，对扩大的损害也应当承担侵权责任。

依据前款规定采取召回措施的，生产者、销售者应当负担被侵权人因此支出的必要费用。

第一千二百零七条　明知产品存在缺陷仍然生产、销售，或者没有依据前条规定采取有效补救措施，造成他人死亡或者健康严重损害的，被侵权人有权请求相应的惩罚性赔偿。

第五章　机动车交通事故责任

第一千二百零八条　机动车发生交通事故造成损害的，依照道路交通安全法律和本法的有关规定承担赔偿责任。

第一千二百零九条　因租赁、借用等情形机动车所有人、管理人与使用人不是同一人时，发生交通事故造成损害，属于该机动车一方责任的，由机动车使用人承担赔偿责任；机动车所有人、管理人对损害的发生有过错的，承担相应的赔偿责任。

第一千二百一十条 当事人之间已经以买卖或者其他方式转让并交付机动车但是未办理登记，发生交通事故造成损害，属于该机动车一方责任的，由受让人承担赔偿责任。

第一千二百一十一条 以挂靠形式从事道路运输经营活动的机动车，发生交通事故造成损害，属于该机动车一方责任的，由挂靠人和被挂靠人承担连带责任。

第一千二百一十二条 未经允许驾驶他人机动车，发生交通事故造成损害，属于该机动车一方责任的，由机动车使用人承担赔偿责任；机动车所有人、管理人对损害的发生有过错的，承担相应的赔偿责任，但是本章另有规定的除外。

第一千二百一十三条 机动车发生交通事故造成损害，属于该机动车一方责任的，先由承保机动车强制保险的保险人在强制保险责任限额范围内予以赔偿；不足部分，由承保机动车商业保险的保险人按照保险合同的约定予以赔偿；仍然不足或者没有投保机动车商业保险的，由侵权人赔偿。

第一千二百一十四条 以买卖或者其他方式转让拼装或者已经达到报废标准的机动车，发生交通事故造成损害的，由转让人和受让人承担连带责任。

第一千二百一十五条 盗窃、抢劫或者抢夺的机动车发生交通事故造成损害的，由盗窃人、抢劫人或者抢夺人承担赔偿责任。盗窃人、抢劫人或者抢夺人与机动车使用人不是同一人，发生交通事故造成损害，属于该机动车一方责任的,由盗窃人、抢劫人或者抢夺人与机动车使用人承担连带责任。

保险人在机动车强制保险责任限额范围内垫付抢救费用的,有权向交通事故责任人追偿。

第一千二百一十六条 机动车驾驶人发生交通事故后逃逸,该机动车参加强制保险的,由保险人在机动车强制保险责任限额范围内予以赔偿;机动车不明、该机动车未参加强制保险或者抢救费用超过机动车强制保险责任限额,需要支付被侵权人人身伤亡的抢救、丧葬等费用的,由道路交通事故社会救助基金垫付。道路交通事故社会救助基金垫付后,其管理机构有权向交通事故责任人追偿。

第一千二百一十七条 非营运机动车发生交通事故造成无偿搭乘人损害,属于该机动车一方责任的,应当减轻其赔偿责任,但是机动车使用人有故意或者重大过失的除外。

第六章 医疗损害责任

第一千二百一十八条 患者在诊疗活动中受到损害,医疗机构或者其医务人员有过错的,由医疗机构承担赔偿责任。

第一千二百一十九条 医务人员在诊疗活动中应当向患者说明病情和医疗措施。需要实施手术、特殊检查、特殊治疗的,医务人员应当及时向患者具体说明医疗风险、替代医疗方案等情况,并取得其明确同意;不能或者不宜向患者说明的,应当向患者的近亲属说明,并取得其明确

附录：相关法律法规

同意。

医务人员未尽到前款义务，造成患者损害的，医疗机构应当承担赔偿责任。

第一千二百二十条　因抢救生命垂危的患者等紧急情况，不能取得患者或者其近亲属意见的，经医疗机构负责人或者授权的负责人批准，可以立即实施相应的医疗措施。

第一千二百二十一条　医务人员在诊疗活动中未尽到与当时的医疗水平相应的诊疗义务，造成患者损害的，医疗机构应当承担赔偿责任。

第一千二百二十二条　患者在诊疗活动中受到损害，有下列情形之一的，推定医疗机构有过错：

（一）违反法律、行政法规、规章以及其他有关诊疗规范的规定；

（二）隐匿或者拒绝提供与纠纷有关的病历资料；

（三）遗失、伪造、篡改或者违法销毁病历资料。

第一千二百二十三条　因药品、消毒产品、医疗器械的缺陷，或者输入不合格的血液造成患者损害的，患者可以向药品上市许可持有人、生产者、血液提供机构请求赔偿，也可以向医疗机构请求赔偿。患者向医疗机构请求赔偿的，医疗机构赔偿后，有权向负有责任的药品上市许可持有人、生产者、血液提供机构追偿。

第一千二百二十四条　患者在诊疗活动中受到损害，有下列情形之一的，医疗机构不承担赔偿责任：

（一）患者或者其近亲属不配合医疗机构进行符合诊疗规范的诊疗；

（二）医务人员在抢救生命垂危的患者等紧急情况下已经尽到合理诊疗义务；

（三）限于当时的医疗水平难以诊疗。

前款第一项情形中，医疗机构或者其医务人员也有过错的，应当承担相应的赔偿责任。

第一千二百二十五条　医疗机构及其医务人员应当按照规定填写并妥善保管住院志、医嘱单、检验报告、手术及麻醉记录、病理资料、护理记录等病历资料。

患者要求查阅、复制前款规定的病历资料的，医疗机构应当及时提供。

第一千二百二十六条　医疗机构及其医务人员应当对患者的隐私和个人信息保密。泄露患者的隐私和个人信息，或者未经患者同意公开其病历资料的，应当承担侵权责任。

第一千二百二十七条　医疗机构及其医务人员不得违反诊疗规范实施不必要的检查。

第一千二百二十八条　医疗机构及其医务人员的合法权益受法律保护。

干扰医疗秩序，妨碍医务人员工作、生活，侵害医务人员合法权益的，应当依法承担法律责任。

第七章　环境污染和生态破坏责任

附录：相关法律法规

第一千二百二十九条　因污染环境、破坏生态造成他人损害的，侵权人应当承担侵权责任。

第一千二百三十条　因污染环境、破坏生态发生纠纷，行为人应当就法律规定的不承担责任或者减轻责任的情形及其行为与损害之间不存在因果关系承担举证责任。

第一千二百三十一条　两个以上侵权人污染环境、破坏生态的，承担责任的大小，根据污染物的种类、浓度、排放量，破坏生态的方式、范围、程度，以及行为对损害后果所起的作用等因素确定。

第一千二百三十二条　侵权人违反法律规定故意污染环境、破坏生态造成严重后果的，被侵权人有权请求相应的惩罚性赔偿。

第一千二百三十三条　因第三人的过错污染环境、破坏生态的，被侵权人可以向侵权人请求赔偿，也可以向第三人请求赔偿。侵权人赔偿后，有权向第三人追偿。

第一千二百三十四条　违反国家规定造成生态环境损害，生态环境能够修复的，国家规定的机关或者法律规定的组织有权请求侵权人在合理期限内承担修复责任。侵权人在期限内未修复的，国家规定的机关或者法律规定的组织可以自行或者委托他人进行修复，所需费用由侵权人负担。

第一千二百三十五条　违反国家规定造成生态环境损害的，国家规定的机关或者法律规定的组织有权请求侵权人赔偿下列损失和费用：

（一）生态环境受到损害至修复完成期间服务功能丧失导致的损失；

（二）生态环境功能永久性损害造成的损失；

（三）生态环境损害调查、鉴定评估等费用；

（四）清除污染、修复生态环境费用；

（五）防止损害的发生和扩大所支出的合理费用。

第八章　高度危险责任

第一千二百三十六条　从事高度危险作业造成他人损害的，应当承担侵权责任。

第一千二百三十七条　民用核设施或者运入运出核设施的核材料发生核事故造成他人损害的，民用核设施的营运单位应当承担侵权责任；但是，能够证明损害是因战争、武装冲突、暴乱等情形或者受害人故意造成的，不承担责任。

第一千二百三十八条　民用航空器造成他人损害的，民用航空器的经营者应当承担侵权责任；但是，能够证明损害是因受害人故意造成的，不承担责任。

第一千二百三十九条　占有或者使用易燃、易爆、剧毒、高放射性、强腐蚀性、高致病性等高度危险物造成他人损害的，占有人或者使用人应当承担侵权责任；但是，能够证明损害是因受害人故意或者不可抗力造成的，不承担责任。被侵权人对损害的发生有重大过失的，可以减轻占有人或者使用人的责任。

第一千二百四十条　从事高空、高压、地下挖掘活动或者使用高速轨道运输工具造成他人损害的，经营者应当承担侵权责任；但是，能够证明损害是因受害人故意或者不可抗力造成的，不承担责任。被侵权人对损害的发生有重大过失的，可以减轻经营者的责任。

第一千二百四十一条　遗失、抛弃高度危险物造成他人损害的，由所有人承担侵权责任。所有人将高度危险物交由他人管理的，由管理人承担侵权责任；所有人有过错的，与管理人承担连带责任。

第一千二百四十二条　非法占有高度危险物造成他人损害的，由非法占有人承担侵权责任。所有人、管理人不能证明对防止非法占有尽到高度注意义务的，与非法占有人承担连带责任。

第一千二百四十三条　未经许可进入高度危险活动区域或者高度危险物存放区域受到损害，管理人能够证明已经采取足够安全措施并尽到充分警示义务的，可以减轻或者不承担责任。

第一千二百四十四条　承担高度危险责任，法律规定赔偿限额的，依照其规定，但是行为人有故意或者重大过失的除外。

第九章　饲养动物损害责任

第一千二百四十五条　饲养的动物造成他人损害的，动物饲养人或者管理人应当承担侵权责任；但是，能够证明损害是因被侵权人故意或者重大过失造成的，可以不承担或者减轻责任。

第一千二百四十六条 违反管理规定，未对动物采取安全措施造成他人损害的，动物饲养人或者管理人应当承担侵权责任；但是，能够证明损害是因被侵权人故意造成的，可以减轻责任。

第一千二百四十七条 禁止饲养的烈性犬等危险动物造成他人损害的，动物饲养人或者管理人应当承担侵权责任。

第一千二百四十八条 动物园的动物造成他人损害的，动物园应当承担侵权责任；但是，能够证明尽到管理职责的，不承担侵权责任。

第一千二百四十九条 遗弃、逃逸的动物在遗弃、逃逸期间造成他人损害的，由动物原饲养人或者管理人承担侵权责任。

第一千二百五十条 因第三人的过错致使动物造成他人损害的，被侵权人可以向动物饲养人或者管理人请求赔偿，也可以向第三人请求赔偿。动物饲养人或者管理人赔偿后，有权向第三人追偿。

第一千二百五十一条 饲养动物应当遵守法律法规，尊重社会公德，不得妨碍他人生活。

第十章 建筑物和物件损害责任

第一千二百五十二条 建筑物、构筑物或者其他设施倒塌、塌陷造成他人损害的，由建设单位与施工单位承担连带责任，但是建设单位与施工单位能够证明不存在质量缺陷的除外。建设单位、施工单位赔偿后，有其他责任人的，有权向其他责任人追偿。

因所有人、管理人、使用人或者第三人的原因，建筑物、构筑物或者其他设施倒塌、塌陷造成他人损害的，由所有人、管理人、使用人或者第三人承担侵权责任。

第一千二百五十三条　建筑物、构筑物或者其他设施及其搁置物、悬挂物发生脱落、坠落造成他人损害，所有人、管理人或者使用人不能证明自己没有过错的，应当承担侵权责任。所有人、管理人或者使用人赔偿后，有其他责任人的，有权向其他责任人追偿。

第一千二百五十四条　禁止从建筑物中抛掷物品。从建筑物中抛掷物品或者从建筑物上坠落的物品造成他人损害的，由侵权人依法承担侵权责任；经调查难以确定具体侵权人的，除能够证明自己不是侵权人的外，由可能加害的建筑物使用人给予补偿。可能加害的建筑物使用人补偿后，有权向侵权人追偿。

物业服务企业等建筑物管理人应当采取必要的安全保障措施防止前款规定情形的发生；未采取必要的安全保障措施的，应当依法承担未履行安全保障义务的侵权责任。

发生本条第一款规定的情形的，公安等机关应当依法及时调查，查清责任人。

第一千二百五十五条　堆放物倒塌、滚落或者滑落造成他人损害，堆放人不能证明自己没有过错的，应当承担侵权责任。

第一千二百五十六条　在公共道路上堆放、倾倒、遗撒妨碍通行的物品造成他人损害的，由行为人承担侵权责任。公共道路管理人不能证明已经尽到清理、防护、警示等义务的，应当承担相应的责任。

第一千二百五十七条　因林木折断、倾倒或者果实坠落等造成他人损害，林木的所有人或者管理人不能证明自己没有过错的，应当承担侵权责任。

第一千二百五十八条　在公共场所或者道路上挖掘、修缮安装地下设施等造成他人损害，施工人不能证明已经设置明显标志和采取安全措施的，应当承担侵权责任。

窨井等地下设施造成他人损害，管理人不能证明尽到管理职责的，应当承担侵权责任。

附则

第一千二百五十九条　民法所称的"以上"、"以下"、"以内"、"届满"，包括本数；所称的"不满"、"超过"、"以外"，不包括本数。

第一千二百六十条　本法自2021年1月1日起施行。《中华人民共和国婚姻法》、《中华人民共和国继承法》、《中华人民共和国民法通则》、《中华人民共和国收养法》、《中华人民共和国担保法》、《中华人民共和国合同法》、《中华人民共和国物权法》、《中华人民共和国侵权责任法》、《中华人民共和国民法总则》同时废止。

附录 B 最高人民法院关于审理人身损害赔偿案件适用法律若干问题的解释

（2020 修正）

时 效 性：现行有效
发布部门：最高人民法院
发文字号：法释〔2020〕17 号
发布日期：2020 年 12 月 29 日
实施日期：2021 年 01 月 01 日

（2003 年 12 月 4 日由最高人民法院审判委员会第 1299 次会议通过，根据 2020 年 12 月 23 日最高人民法院审判委员会第 1823 次会议通过的《最高人民法院关于修改〈最高人民法院关于在民事审判工作中适用〈中华人民共和国工会法〉若干问题的解释〉等二十七件民事类司法解释的决定》修正）

为正确审理人身损害赔偿案件，依法保护当事人的合法权益，根据《中华人民共和国民法典》《中华人民共和国民事诉讼法》等有关法律规定，结合审判实践，制定本解释。

第一条　因生命、身体、健康遭受侵害，赔偿权利人起诉请求赔偿义务人赔偿物质损害和精神损害的，人民法院应予受理。

本条所称"赔偿权利人"，是指因侵权行为或者其他致害原因直接遭受人身损害的受害人以及死亡受害人的近亲属。

本条所称"赔偿义务人"，是指因自己或者他人的侵权行为以及其他致害原因依法应当承担民事责任的自然人、法人或者非法人组织。

第二条　赔偿权利人起诉部分共同侵权人的，人民法院应当追加其他共同侵权人作为共同被告。赔偿权利人在诉讼中放弃对部分共同侵权人的诉讼请求的，其他共同侵权人对被放弃诉讼请求的被告应当承担的赔偿份额不承担连带责任。责任范围难以确定的，推定各共同侵权人承担同等责任。

人民法院应当将放弃诉讼请求的法律后果告知赔偿权利人，并将放弃诉讼请求的情况在法律文书中叙明。

第三条　依法应当参加工伤保险统筹的用人单位的劳动者，因工伤事故遭受人身损害，劳动者或者其近亲属向人民法院起诉请求用人单位承担民事赔偿责任的，告知其按《工伤保险条例》的规定处理。

因用人单位以外的第三人侵权造成劳动者人身损害，赔偿权利人请求第三人承担民事赔偿责任的，人民法院应予支持。

第四条　无偿提供劳务的帮工人，在从事帮工活动中致人损害的，被帮工人应当承担赔偿责任。被帮工人承担赔偿责任后向有故意或者重大过失的帮工人追偿的，人民法院应予支持。被帮工人明确拒绝帮工的，不承担赔偿责任。

第五条　无偿提供劳务的帮工人因帮工活动遭受人身损害的，根据帮工人和被帮工人各自的过错承担相应的责任;被帮工人明确拒绝帮工的,被帮工人不承担赔偿责任,但可以在受益范围内予以适当补偿。

帮工人在帮工活动中因第三人的行为遭受人身损害的,有权请求第三人承担赔偿责任,也有权请求被帮工人予以适当补偿。被帮工人补偿后,可以向第三人追偿。

第六条 医疗费根据医疗机构出具的医药费、住院费等收款凭证,结合病历和诊断证明等相关证据确定。赔偿义务人对治疗的必要性和合理性有异议的,应当承担相应的举证责任。

医疗费的赔偿数额,按照一审法庭辩论终结前实际发生的数额确定。器官功能恢复训练所必要的康复费、适当的整容费以及其他后续治疗费,赔偿权利人可以待实际发生后另行起诉。但根据医疗证明或者鉴定结论确定必然发生的费用,可以与已经发生的医疗费一并予以赔偿。

第七条 误工费根据受害人的误工时间和收入状况确定。

误工时间根据受害人接受治疗的医疗机构出具的证明确定。受害人因伤致残持续误工的,误工时间可以计算至定残日前一天。

受害人有固定收入的,误工费按照实际减少的收入计算。受害人无固定收入的,按照其最近三年的平均收入计算;受害人不能举证证明其最近三年的平均收入状况的,可以参照受诉法院所在地相同或者相近行业上一年度职工的平均工资计算。

第八条 护理费根据护理人员的收入状况和护理人数、护理期限确定。

护理人员有收入的,参照误工费的规定计算;护理人员没有收入或者雇佣护工的，参照当地护工从事同等级别护理的劳务报酬标准计算。护理人员原则上为一人，但医疗机构或者鉴定机构有明确意见的，可以参照确定护理人员人数。

护理期限应计算至受害人恢复生活自理能力时止。受害人因残疾不能恢复生活自理能力的，可以根据其年龄、健康状况等因素确定合理的护理期限，但最长不超过二十年。

受害人定残后的护理，应当根据其护理依赖程度并结合配制残疾辅助器具的情况确定护理级别。

第九条 交通费根据受害人及其必要的陪护人员因就医或者转院治疗实际发生的费用计算。交通费应当以正式票据为凭；有关凭据应当与就医地点、时间、人数、次数相符合。

第十条 住院伙食补助费可以参照当地国家机关一般工作人员的出差伙食补助标准予以确定。

受害人确有必要到外地治疗，因客观原因不能住院，受害人本人及其陪护人员实际发生的住宿费和伙食费，其合理部分应予赔偿。

第十一条 营养费根据受害人伤残情况参照医疗机构的意见确定。

第十二条 残疾赔偿金根据受害人丧失劳动能力程度或者伤残等级，按照受诉法院所在地上一年度城镇居民人均可支配收入或者农村居民人均纯收入标准，自定残之日起按二十年计算。但六十周岁以上的，年龄每增加一岁减少一年；七十五周岁以上的，按五年计算。

受害人因伤致残但实际收入没有减少，或者伤残等级较轻但造成职业妨害严重影响其劳动就业的，可以对残疾赔偿金作相应调整。

第十三条 残疾辅助器具费按照普通适用器具的合理费用标准计算。伤情有特殊需要的，可以参照辅助器具配制机构的意见确定相应的合理费用标准。

辅助器具的更换周期和赔偿期限参照配制机构的意见确定。

第十四条 丧葬费按照受诉法院所在地上一年度职工月平均工资标准，以六个月总额计算。

第十五条 死亡赔偿金按照受诉法院所在地上一年度城镇居民人均可支配收入或者农村居民人均纯收入标准，按二十年计算。但六十周岁以上的，年龄每增加一岁减少一年；七十五周岁以上的，按五年计算。

第十六条 被扶养人生活费计入残疾赔偿金或者死亡赔偿金。

第十七条 被扶养人生活费根据扶养人丧失劳动能力程度，按照受诉法院所在地上一年度城镇居民人均消费性支出和农村居民人均年生活消费支出标准计算。被扶养人为未成年人的，计算至十八周岁；被扶养人无劳动能力又无其他生活来源的，计算二十年。但六十周岁以上的，年龄每增加一岁减少一年；七十五周岁以上的，按五年计算。

被扶养人是指受害人依法应当承担扶养义务的未成年人或者丧失劳动能力又无其他生活来源的成年近亲属。被扶养人还有其他扶养人的，赔偿义务人只赔偿受害人依法应当负担的部分。被扶养人有数人的，年赔偿总额累计不超过上一年度城镇居民人均消费性支出额或者农村居民人均年生活消费支出额。

第十八条 赔偿权利人举证证明其住所地或者经常居住地城镇居民人均可支配收入或者农村居民人均纯收入高于受诉法院所在地标准的，

残疾赔偿金或者死亡赔偿金可以按照其住所地或者经常居住地的相关标准计算。

被扶养人生活费的相关计算标准，依照前款原则确定。

第十九条　超过确定的护理期限、辅助器具费给付年限或者残疾赔偿金给付年限，赔偿权利人向人民法院起诉请求继续给付护理费、辅助器具费或者残疾赔偿金的，人民法院应予受理。赔偿权利人确需继续护理、配制辅助器具，或者没有劳动能力和生活来源的，人民法院应当判令赔偿义务人继续给付相关费用五至十年。

第二十条　赔偿义务人请求以定期金方式给付残疾赔偿金、辅助器具费的，应当提供相应的担保。人民法院可以根据赔偿义务人的给付能力和提供担保的情况，确定以定期金方式给付相关费用。但是，一审法庭辩论终结前已经发生的费用、死亡赔偿金以及精神损害抚慰金，应当一次性给付。

第二十一条　人民法院应当在法律文书中明确定期金的给付时间、方式以及每期给付标准。执行期间有关统计数据发生变化的，给付金额应当适时进行相应调整。

定期金按照赔偿权利人的实际生存年限给付，不受本解释有关赔偿期限的限制。

第二十二条　本解释所称"城镇居民人均可支配收入""农村居民人均纯收入""城镇居民人均消费性支出""农村居民人均年生活消费支出""职工平均工资"，按照政府统计部门公布的各省、自治区、直辖市以及经济特区和计划单列市上一年度相关统计数据确定。

"上一年度",是指一审法庭辩论终结时的上一统计年度。

第二十三条　精神损害抚慰金适用《最高人民法院关于确定民事侵权精神损害赔偿责任若干问题的解释》予以确定。

第二十四条　本解释自 2004 年 5 月 1 日起施行。2004 年 5 月 1 日后新受理的一审人身损害赔偿案件,适用本解释的规定。已经作出生效裁判的人身损害赔偿案件依法再审的,不适用本解释的规定。

在本解释公布施行之前已经生效施行的司法解释,其内容与本解释不一致的,以本解释为准。